Understanding and
responding to the legislative process

국회 입법절차 가이드북

국회 입법절차의
이해와 대응

살아 움직이는 법,
법률로 완성되는 정책,
그리고 민주와 법치주의

법무법인(유) 지평　●　●　●
지평법정책연구소

박영사

발간사

우리나라는 법치국가이다. 따라서 법우선의 원칙대로 국가작용이 법에 의하여 이루어져야 한다. 전에는 국가작용이 개인의 자의가 아니라 법에 따라 이루어지기만 하면 되었다. 하지만 현대에 이르러서는 국가와 국민을 규율하는 법은 헌법에 합치되고 그 내용을 실현하는 것을 의미하게 되었다.

헌법재판관으로 재직하면서 법률이 헌법에 위반되는지 여부를 가리는 재판을 많이 다루었다. 그런데 법을 잘 만들면, 즉 좋은 입법이 이루어지면 처음부터 문제가 일어나지 않을 텐데 하며 아쉬움을 가진 적이 한두 번이 아니었다. 또한 적지 않은 법률에서 헌법에 위반된다고 보기는 어렵지만, 국가가 일정한 정책을 실현하기 위해 제정한 법률이 기대한 성과를 이루지 못한 경우도 많이 보게 되었다. 우리 사회는 많이 변화했는데, 법은 그대로 있어 우리 실정에 적합한 사회적 규율로 충실하게 기능하지 못한 경우도 종종 보게 되었다.

법률을 제정하는 권한을 헌법은 국민의 대표기관인 국회에 부여하고 있다. 지금까지 입법절차에 참여하는 국회의원과 관계자, 구체적 입법절차와 과정은 일반 국민의 관심을 끌지 못했던 것 같다. 그러나 이제는 우리 사회를 규율하고 국민이 지켜야 할 법이 어떠한 내용을 담는지 국민이 주의를 기울이기 시작하고 있다. 입법과정을 통해 국민 개개인의 생활에 직간접으로 영향을 미치는 제도와 정책들이 많이 변하고 있기 때문이다. 또한 우리 사회를 더욱 발전시키기 위해서도 법은 현실변화에 따라 살아 움직여 효과적으로 작동해야 하기 때문이다.

국회 입법과정에 입법정책보좌관이나 입법조사관으로 참여한 경력을 가진 법무법인(유) 지평의 변호사들과 입법·정책데이터를 제공하는 SNR 박원근 대표가 입법절차와 입법현실에 대한 해박한 지식과 풍부한 경험을 담아 이 책을 펴낸다. 다양한 이해관계가 교차하는 우리 사회에서 국회 입법과정에 적극적으로 참여하려는 국민에게는 입법절차에 대한 안내서야말로 소중한 나침판이 되어 줄 것이다. 국회 입법절차에 대한 이해를 돕는 동시에, 그 과정에 참여하는 길을 안내함으로써 우리나라를 한 단계 더 높은 법치국가로 발전시키는 계기가 될 것을 믿어 의심치 않는다.

(사) 지평법정책연구소 이사장 (전 헌법재판관) 이 공 현

머리글

  살아 움직이는 법, 법률로 완성되는 정책,
그리고 민주와 법치주의

  국회 보좌관 생활 10년을 정리하고 나이 50세에 변호사가 되었다. 이후 법무법인 지평의 입법지원팀장으로 일한 10년을 합치면 국회 입법과정과 관계를 맺은 지 20년이 넘었다. 20년 넘는 기간 동안 국회 입법과정에 대한 많은 경험을 했지만, 입법과정에 대한 소개책을 쓰는 것에는 엄두를 내지 않았다.

  국회 입법과정에 대한 소개책자가 이미 많고 국회 홈페이지만 들어가도 절차에 대한 자세한 소개가 많아 굳이 또 다른 소개책자를 만들어야 하나 싶었다. 또한 입법절차를 자세히 소개한다는 것과 독자가 공감할 수 있는 유용한 내용을 전달하는 것은 다른 일이라는 생각에서다.

  그럼에도 결국 입법절차 가이드북을 발간하기로 결심하게 된 데에는 지평법정책연구소 이사장으로 계시는 이공현 대표님의 말씀과 국회 입법 경험을 가지고 있는 다른 지평 변호사들의 적극적인 관심과 지원 약속도 영향을 끼쳤다.

이공현 대표님은 의외로 많은 사람이 법률 개정의 필요성을 느끼지만 실제 법률을 개정하려면 무엇을 어떻게 해야 하는지 모르는 이가 대부분이라 쉽고 생생하게 입법절차를 이해할 수 있는 책이 있으면 좋겠다는 말씀을 주셨다. 또한 한 개인의 경험이 아니라 국회 경험과 관심을 공유하는 변호사들의 집단 지성을 바탕으로 책을 만들면 그 자체로도 의미가 있고 많은 이들에게 도움을 줄 수 있지 않을까 하는 생각에 이르게 되었다.

그리고 무엇보다 국회 입법 빅데이터 분석을 통해 입법 과정에 대한 여러 가지 분석을 같이해 온 SNR 박원근 대표와의 의미 있는 협업의 성과물들이 차곡차곡 쌓이기 시작한 것도 책 출간 최종 결정에 큰 몫을 했다. 빅데이터 분석으로 얻어진 여러 가지 결과들은 우리가 알고 있는 기존 상식들을 확인해 주는 경우도 있지만 어떤 경우에는 우리의 고정관념에 대한 새로운 인사이트를 주는 경우도 있다. 이 책이 단순한 입법과정에 대한 소개를 넘어설 수 있지 않을까 기대하고 있는 이유이기도 하다.

일반적으로 법은 국가의 강제력을 수반하는 사회규범으로 정의되지만 보다 실천적 의미에서 법은 우리 사회를 지탱하는 토대이자 다른 한편으로는 우리 사회를 더 나은 단계로 발전시키는 근거이기도 하다.

　법과 정책이 우리 사회를 발전시키기 위해서는 법이 살아 움직여야 하고, 정책은 헌법과 법치주의의 관점에서 법과 유기적으로 연결되어야 하며 이는 최종적으로 입법을 통해 실현된다.

　입법은 일련의 절차를 거쳐 완성되며, 입법절차는 국민의 대표기관인 국회가 법률을 제정하고 개정하는 일련의 절차를 의미한다. 보다 구체적으로는 특정한 정책과 목적을 반영하여 제출된 법률안이 정해진 절차에 따라 심사와 의결을 마치고 정부 이송 및 공포를 거쳐 법률로서 효력이 발생되는 전체 과정을 말한다. 이러한 입법절차에 대한 구체적인 이해를 바탕으로 입법에 대한 적극적이고 능동적인 대응이 가능하며, 이러한 능동적 대응은 단순한 이해관계의 조정을 뛰어넘어 궁극적으로 사회를 발전시키고 민주주의를 확장하는 고도의 정치적 행위가 된다.

　이 책은 국회 입법절차에 대한 구체적인 내용과 사례를 통해 절차에 대한 이해를 돕고 동시에 입법 과정에 대한 적극적이고 능동적인 대응 방안을 마련할 수 있도록 내용을 구성하였다.

　특히 특정 법률안의 입법에 이해와 관심이 있는 기관, 기업, 단체, 시민의 관점에서 입법 과정과 대응 방안을 현실감 있게 추적해봄으로써 일반 국민의 입장에서 능동적으로 국회 입법절차에 참여하는 것이 가능하도록 하였다.

　집단 지성으로 발간하는 이 책이 입법에 관심을 가진 모든 이들에게 생생한 경험으로 전달되어 적극적이고 능동적인 입법 참여에

도움이 되기를 바라며, 나아가 이런 능동적 참여를 통하여 우리 사회의 민주주의와 진정한 법치주의를 강화하고 바로 세우는데 도움이 되기를 바란다.

끝으로 이 책이 나오기까지 바쁜 일정에도 불구하고 원고를 작성해 준 민창욱 변호사, 김우연 변호사, 신용우 변호사, 곽경란 변호사 그리고 입법데이터 분석을 통해 생생하고 유용한 통계를 만들어 주신 SNR 박원근대표, 그리고 초안 작성 및 전체 책 내용을 꼼꼼하게 정리해 준 이춘희 박사에게 깊은 감사를 드린다.

법무법인(유) 지평 파트너변호사 김진권

목 차

I 서론 · 11

II 법률안 입안 및 발의 · 14

1. 국회의원의 법률안 발의 ·· 15

　가. 법률안 발의의 요건과 절차 ·· 15

　　　1) 찬성의원의 연서(요건) _ 15

　　　2) 법률안 발의 절차 _ 17

　　　3) 비용추계자료 제출 _ 23

　나. 국회의원의 법률안 발의 ·· 23

　다. 국회의원이 법률안을 얻는 원천 ································ 26

　　　1) 국회의원 개인의 배경 _ 26

　　　2) 국정감사 등 의정활동을 통한 정책과제 발굴 _ 27

　　　3) 씽크탱크의 제안 _ 27

　　　4) 언론보 등에 따른 여론 _ 28

　　　5) 이해관계자의 요청(직능단체 등) _ 30

　　　6) 의원 소속정당의 정책부서에서 입안한 법률안을 발의 _ 31

　　　7) 정부가 제공하는 법률안을 발의 _ 31

2. 정부의 법률안 발의 ·· 32

  가. 입법계획 ··· 33

  나. 법률안 입안 ·· 33

  다. 관계부처 협의 ·· 33

  라. 당정협의 ··· 33

  마. 입법예고 ··· 34

  바. 규제영향분석 및 행정규제심사 ······························· 35

  사. 법제처 심사 ·· 35

  아. 차관회의 및 국무회의 심의 ·································· 35

  자. 대통령의 서명과 국무총리, 관계 국무위원의 부서 ··········· 35

  차. 국회 제출 ··· 36

3. 위원회의 법률안 제안 ·· 37

4. 법률안 제출과 위원회 회부 ···································· 37

Ⅲ 상임위원회 심사 및 의결 · 39

1. 상임위원회 ·· 41

  가. 상임위원회 회부 ·· 41

  나. 입법예고 ··· 44

  다. 상임위원회 심사 ·· 45

    1) 상정 및 제안자 취지 설명 _ 45

    2) 전문위원 검토보고 _ 48

    3) 대체토론(大體討論) / 공청회, 청문회 _ 55

    4) 소위원회 심사 - 축조심사(국회법 제58조 제3항) _ 59

    5) 위원회 표결 _ 65

2. 위원회의 특수한 심사 절차 ···································· 68

  가. 안건신속처리제도(Fast Track) (국회법 제85조의2) ············· 69

  나. 안건조정위원회제도 ··· 75

  다. 의장의 안건 심사기간 지정사유 엄격화 ·················· 81

　　라. 의안자동상정 간주제도 ·· 83

　3. 법제사법위원회 체계·자구 심사 ·································· 85

　4. 전원위원회 심사 ··· 90

Ⅳ 본회의 심의 의결 및 정부 이송 · 92

　1. 본회의 심의 의결 ··· 92
　　가. 개관 ·· 92
　　나. 본회의 무제한 토론(필리버스터) ······························ 93
　　다. 안건 수정 동의 ·· 94
　　라. 본회의 부결 ··· 95

　2. 정부 이송 및 공포 ··· 97
　　가. 개관 ·· 97
　　나. 대통령의 법률안 재의요구권(거부권) ·························· 97

부록1. 국회의원실 보좌직원 구성 ··· 103

부록2. 국회 상임위원회 구성 ··· 105

부록3. 빅데이터 분석을 통한 국회 입법예측 분석 시스템 소개 ··· 109

국회 입법절차의 이해와 대응

❶ 서론

입법권을 가지고 있는 국회에는 하루에도 수십 건의 법률안이 발의되고 있다. 많을 때는 100건 이상의 법률안이 발의되는 날도 있다.[1] 전체적으로 20대 국회(2016~2020)에서 24,121건의 법률안이 발의되었으며, 아직 임기가 끝나지 않은 21대 국회(2020~2024)에서는 2023. 8. 4. 기준 22,967건이 발의되어 최종적으로 20대 국회 발의 법안 수를 훨씬 넘길 것으로 보인다.

법률안을 국회에 제출할 수 있는 자는 국회의원과 정부이다.[2] 그런데 법률안 발의 측면에서 보면 국회의원 발의 법안 수가 정부 제출 법률안에 비해 압도적으로 많다. 19대 국회 이후 전체적으로

---

1) 2020. 12. 16. 하루에 141건 법률안 발의 / 2020. 6. 19. 하루에 115건 법률안 발의
2) 대한민국헌법 제52조: 국회의원과 정부는 법률안을 제출할 수 있다.

보면 국회의원 발의 법안이 90% 이상을 차지하고 있다.

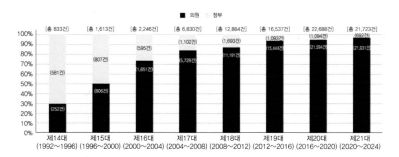

원데이터 출처: 대한민국 국회 국회사무처, 의안정보시스템 2023.7.
데이터분석: ㈜스트래티지엔리서치(SNR).
* 위원장 제안 법안 제외.

   그러나 법안 가결률 또는 대안반영률을 보면 정부 제출 법안이
국회의원 발의 법률안보다 상대적으로 높은 편이다. 전체적으로 보
면 정부 제출 법률안의 발의 과정이 상당히 복잡하고 시간이 많이
걸리나 일단 발의되고 나면 상대적으로 통과 확률이 높다. 이에 반
해 국회의원 법률안 발의 과정은 상대적으로 매우 간단하며 시간
도 적게 걸리나 통과 가능성은 정부 제출 법률안에 비해 낮은 편이
다. 통계 분석에 따르면 평균적으로 정부 제출 법률안의 통과 확률
이 의원 발의 법률안의 통과 확률보다 2배 이상이다.

표 1	의원 발의 법률안 가결반영률과 정부 제출 법률안 가결반영률 비교		
	19대 국회	20대 국회	21대 국회
의원 발의 법률안 가결반영률	34.8%	30.6%	24.7%
정부 제출 법률안 가결반영률	73.6%	67.5%	54.7%

일반적으로 19대 국회 이후 법률안의 일반적인 통과 비율은 40% 내외이지만 구체적으로 보면 국회의원 법률안과 정부 제출 법률안의 통과 비율이 위의 표처럼 상당한 차이가 나므로 결국 법률안의 제정 또는 개정에 대해 이해관계를 가지는 이는 이러한 양 측면을 고려하여 전략적으로 판단할 필요가 있다.

법이 사회의 변화를 추동하기도 하지만 일반적으로는 법은 사회적 구조의 반영이기도 하다. 다르게 표현하면 이해관계의 대립과 역관계 균형을 반영한 것이 법이라는 의미이다.

이해관계의 대립과 균형이라는 측면에서 보면 입법을 위해 발의된 법안이 최종적으로 국회를 통과할 수 있을지 여부는 단순한 확률의 문제가 아니라 특정 시점에서 많은 이해관계 변수가 어떠한 규모와 강도로 서로 영향을 미치는가에 따라 항상 변할 수 있다.

다음 장에서 국회의원 법률안 발의와 정부 법률안 제출 절차에 대해 구체적으로 살펴보기로 한다.

Ⅱ 법률안 입안 및 발의

　　○○협회를 책임지고 있는 A 협회장은 현재 봉착하고 있는 문제를 해결하기 위해서는 현 제도와 법규체계 내에서는 문제 해결이 어렵고 법률을 개정함으로써만 가능하다는 것을 깨달았는데 막상 실제로 법률 개정 업무를 시작하려고 하니 무엇을 어디서부터 해야 할지 좀 막막한 상황이다. 법률을 개정하려면 국회를 통해야 한다는 것은 알겠는데 누구를 만나야 할지 그리고 무슨 자료를 준비해야 할지도 모르겠다. A 협회장은 어떻게 이 문제를 해결할 수 있을까?

　　법률안을 발의할 수 있는 자는 국회의원과 정부이다. 즉 국회 법률안은 국회의원 발의안과 정부 제출 법률안으로 대별된다. 그 밖에 국회법은 국회 위원회가 법률안을 제안할 수 있다고 하지만,3) 위원회의 법률안 제안은 대부분 개별 의원이 발의한 법안을 심사하는 과정에서 동일한 법률의 여러 개정안을 하나의 개정안으로 통합한 위원회 대안으로 이뤄진다. 따라서 엄밀하게 하나의 독자적인 법률안 발의로 보기는 어렵다. 아래에서 하나하나 살펴보기로 한다.

---

3) 국회법 제51조(위원회의 제안) ① 위원회는 그 소관에 속하는 사항에 관하여 법률안과 그 밖의 의안을 제출할 수 있다.

1. 국회의원의 법률안 발의

가. 법률안 발의의 요건과 절차

1) 찬성의원의 연서(요건)

국회의원이 법률안을 발의할 때는 10명 이상의 찬성이 필요하다.[4] 법률안을 대표발의한 의원(발의의원)과, 9명의 공동발의 의원(찬성의원)이 모여야 법률안을 발의할 수 있는 것이다.

지금은 대부분 입안지원시스템상의 전자서명으로 공동발의를 진행하지만, 이전에는 법률안을 첨부한 공동발의요청서를 국회의원회관 지하에 있는 동료 국회의원의 사서함에 넣어 놓으면 요청서를 받은 의원은 찬성 여부를 검토해 대표발의 의원에게 찬성의사를 밝히는 방식이었다. 공동발의 여부는 대부분 입법담당 보좌진이 의원의 위임을 받아 전결로 검토하는 경우가 많고, 보좌진이 사전검토를 한 후 의원의 결재를 받는 의원실도 있다.

요즘은 SNS대화방에서 공동발의 요청을 하고, 찬성의사를 밝히는 경우도 많다. 국회의원들의 정당 모임, 위원회 모임, 선수별 모임, 친목 모임을 위한 대화방에서 공동발의 논의가 이뤄진다. 촌각을 다투는 법률안의 경우가 특히 그렇다. 법률안 공동발의를 보좌관에게 위임전결한 국회의원도 많아, 보좌관들끼리 공동발의를 요청하는 경우도 적지 않다.

---

4) 국회법 제79조(의안의 발의 또는 제출) ① 의원은 10명 이상의 찬성으로 의안을 발의할 수 있다.

　　일반적으로 9명 이상의 찬성의원을 모으는 것이 어렵지 않지만, 법률안 내용에 따라 찬성의원을 모으기 어려운 경우도 있다. 이를 테면 의사 자격 없이도 타투이스트 자격을 갖추면 타투를 할 수 있도록 하는 내용의 '문신사법'은 20대 국회에서도 발의되었지만(박주민 의원), 문신에 대한 부정적 여론도 많아 찬성의원을 모으는 데 애를 먹었다. 동성애 논란이 있는 차별금지법, 사회적동반자법도 마찬가지다. 조정훈 시대전환 의원은 외국인 가사도우미에게 최저임금을 적용하지 않는 법안을 발의했다가 비난 여론을 의식한 공동발의 의원들이 찬성을 철회하여 10명 이상의 동의라는 요건을 갖추지 못하게 되어 한때 법률안 발의 자체를 철회했다가 추가 공동발의 의원을 모아 다시 발의하였다.

　　과거에는 같은 상임위 소속 여야 의원이 문제의식을 공유하고 법안을 공동발의 하는 경우가 많았으나, 갈수록 다른 당 의원이 대표발의한 법률안에 찬성하는 경우가 줄어드는 추세다. 초당적 협력을 기반으로 의원입법을 활성화한다는 취지 하에 국회법 제79조가 개정되어,[5] 서로 다른 정당 국회의원들이 법안을 공동으로 대표발의할 수 있게 되었다 (2023. 7. 11. 개정. 2024. 1. 12. 시행). 여야 대치가 극한으로 치닫는 정치 현실에서 공동대표발의제도가 활용되기는 어려울 것이라는 지적도 있지만 위와 같은 국회법 개정으로 여야 공동발의가 활성화되기를 기대하는 시선도 있다.

---

5) 국회법 제79조(의안의 발의 또는 제출) ④ 제3항에 따라 발의의원의 성명을 기재할 때 발의의원이 2명 이상인 경우에는 대표발의의원 1명을 명시(明示)하여야 한다. 다만, 서로 다른 교섭단체에 속하는 의원이 공동으로 발의하는

2) 법률안 발의 절차

가) 법제실의 법률안 입안지원

국회의원은 법률안을 마련할 때 국회 사무처 법제실의 도움을 받는다. 국회의원실은 만들거나(제정) 바꾸어야(개정) 할 법률과 제·개정 취지, 내용을 정해 법제실에 입안을 의뢰한다. 법제실은 입안의뢰 건마다 담당 법제관을 정해 배당하고, 담당 법제관이 법률안 초안을 작성하면, 독회를 열어 과 소속 법제관들의 토론에 부친다. 치열한 독회 과정에서 문제를 지적받고 수정·보완되어 국·실장의 결재를 받은 법률안이 국회의원실에 제공된다.

법제실의 입안 지원 과정에는 검토에 필요한 시간이 걸린다. 보통은 2주 이내 제공하는 것을 원칙으로 하고 있으나 법안 내용에 따라 변경될 수 있다. 그 때문에 신속한 발의를 원하는 국회의원실은 제안이유까지 갖춘 법률안을 의뢰하는 표준 입안의뢰 절차보다 개정안과 신구조문대비표만 의뢰하는 간이 입안의뢰 절차를 선호하기도 한다. 경우에 따라서는 시간을 다투는 법률안의 경우, 독회를 거치지 않은 법률안 초안만 참고로 전달받고 공식적인 입안의뢰를 철회하는 경우도 있다.

경우(교섭단체에 속하는 의원과 어느 교섭단체에도 속하지 아니하는 의원이 공동으로 발의하는 경우를 포함한다) 소속 교섭단체가 다른 대표발의의원(어느 교섭단체에도 속하지 아니하는 의원을 포함할 수 있다)을 3명 이내의 범위에서 명시할 수 있다. 〈신설 2023. 7. 11.〉

입안지원시스템 캡쳐 화면

| 입안의뢰 [샘플보기]

HOME > 법률안 입안의뢰 > 입안의뢰

소속부서	감예지의원실	소속정당	국민의힘	의뢰구분	온라인
*보좌직원	::::보좌직원 선택:::: ∨	*메일주소		의원휴대전화	
*구내전화	구내전화	휴대전화	담당자 휴대전화	*SMS ● 전송 ○ 전송하지 않음	

*제/개정 구분   ○ 제정   ○ 전부개정   ● 일부개정   ○ 폐지

*법률명   [검색] *검색버튼을 클릭하여 의뢰할 법률을 검색합니다.

*현행법령 및 제도

   * 한글 기준 2000자까지만 입력 가능합니다.   0 / 2000 자

*구체적 문제점

   * 한글 기준 2000자까지만 입력 가능합니다.   0 / 2000 자

*제/개정 방향

   * 한글 기준 2000자까지만 입력 가능합니다.   0 / 2000 자

비고

   * 한글 기준 500자까지만 입력 가능합니다.   0 / 500 자

법률안 파일   [찾아보기] *입안의뢰할 법률안 초안이 있는 경우 첨부합니다.

   [찾아보기]

기타 자료

   *참고자료가 있는 경우 첨부합니다.(입법 조사처 회답, 언론보도자료, 공청회, 간담회, 세미나 자료집 등)
   *파일첨부 시 문서보안을 해제하시기 바랍니다.

*입안의뢰 회신상태   ○ 표준 (제안이유, 개정문, 신구조문대비표를 모두 포함한 상태)
   ○ 간이 (개정문, 신구조문대비표만을 포함한 상태)

* 표시는 필수 항목 입니다.

[입안의뢰] [임시저장] [작성취소]

한편 법안 발의를 위해 국회 법제실의 입안을 반드시 거쳐야 하는 것은 아니다. 형식과 규칙만 알면 누구나 개정안과 신구조문대비표를 어렵지 않게 만들어 낼 수 있다.

다만, 법제실이 입안한 법률안은 경험과 전문성을 갖춘 법제관이 법률안이 법체계적으로 정합한지, 문구가 정확한지 검토한 법률안이라는 점에서 신뢰를 준다. 간혹 공동발의 요청서에 '이 법안은 법제실 검토를 마친 법안입니다.'라는 문구가 들어간 법률안에만 공동발의 의사를 밝히는 의원실이 있는 것도 그 때문이다.

여론을 뜨겁게 달구는 사건이 발생하면 국회 법제실도 덩달아 바빠진다. 2020년 12월 정인이가 양부모의 학대로 16개월의 짧은 생을 마감한 일이 밝혀지자, 살인죄를 적용하라는 청와대 국민청원에 23만 명의 국민이 참여하는 등 전국적인 공분이 일었다. 아동학대 가정에 대한 관리를 강화하는 아동복지법, 아동학대 처벌과 수사기관의 권한을 강화하는 내용을 담은 아동학대범죄의 처벌 등에 관한 법률 개정안이 쏟아졌다. 여론의 흐름에 민감하게 반응하는 국회의원실이 법안 발의에 앞서 가장 먼저 찾는 곳이 법제실이라는 점에서, 법제실은 입법 트렌드를 예측할 수 있는 곳이기도 하다.

나) 공청회와 토론회

국회에서는 하루에도 수십 건의 토론회와 공청회가 열린다. 새로운 법률을 제정할 필요성과 방향에 대해 토의하기도 하고, 기존 법률의 문제점을 지적하며 법 개정을 모색하기도 한다.

국회에서 열리는 토론회는 대개 토론회를 주최한 국회의원의 축사와 발제, 토론의 순서로 이뤄지고, 학계(교수), 국가기관(공무원),

외부 전문가(변호사 등), 시민사회(활동가)에서 참여한다. 기자들이
토론회를 취재해 보도하는 경우도 많다. 토론회에 패널로 참석하거
나, 패널이 아니더라도 질의응답 시간을 활용해 인상적인 의견을
개진하면 그 발언이 기사화되는 경우가 종종 있다.

국회의원회관에 게재된 토론회 포스터

　　개별 국회의원이 아니라 위원회가 공청회나 청문회를 개최하는
경우도 있다. 제정법과 전부개정법은 원칙적으로 공청회나 청문회
를 개최해야 한다(국회법 제58조 제6항). 연금개혁특위가 개최하는
'기초연금 발전 방향에 관한 공청회'처럼 위원회가 개최하는 공청
회는 법안을 심사하는 위원회의 위원들이 직접 참여한다는 점에서
중요하게 받아들여진다.

출처: 뉴스핌

국회의원들은 위원회에서 법률안을 심사할 때 자신이 공청회에서 들은 정보와 의견을 활용하는 사례가 많다. 따라서, 지지하거나 반대하는 법률안에 관해 위원회 공청회가 열린다면 직접 참여하거나 이미 선정된 패널 중 입장을 같이 하는 사람을 통해 적극적으로 정보와 의견을 전달하는 것이 필요하다.

다) 법률안 의안과 제출

과거에는 의원실마다 실물 도장의 인영을 받으러 다녔지만, 현재는 국회 업무망 입안지원시스템으로 전자서명을 받아 전자문서로 법률안을 제출한다. 코로나 시국에서 재택근무를 하는 의원실이 많아지고, 사람 간 접촉을 자제하는 분위기가 확산하면서 입안지원시스템 활용이 자리를 잡았다.

국회 입안지원시스템 캡쳐 화면

공동발의·찬성서명

HOME > 발의·찬성서명 > 공동발의·찬성서명

| 제안의원 | | 의안명 | | 소속정당 | 전체 | | 검색 | 목록 다운로드 |
| 제안취지 | | | 서명여부 | 전체 | | | | |

총 건수 **1,699** 건 | 페이지당 **10건**

□	게재일	제안의원	정당명	의안명	의안파일	제안취지	공동발의	찬성동의	서명여부
□	2023-10-06				📄	✎	1	0	
□	2023-10-06				📄	✎	8	0	
□	2023-10-05				📄	✎	3	0	
□	2023-10-05				📄	✎	1	0	
□	2023-10-05				📄	✎	2	0	
□	2023-10-05				📄	✎	3	0	
□	2023-10-05				📄	✎	2	0	
□	2023-10-05				📄	✎	1	0	
□	2023-10-05				📄	✎	6	0	
□	2023-10-04				📄	✎	3	0	

<< < **1** 2 3 4 5 6 7 8 9 10 > >>

[공동발의 서명] [찬성동의 서명]

공동발의·찬성서명

HOME > 발의·찬성서명 > 공동발의·찬성서명

제안의원	김예지
의안명	장애인차별금지 및 권리구제 등에 관한 법률 일부개정법률안
의안파일	📄 장애인차별금지 및 권리구제 등에 관한 법률 일부개정법률안(김예지의원)_내부정보통신망.hwp
	사용자로 하여금 사업장 내부에서만 사용하는 정보통신망에 대하여도 장애인에게 정당한 편의를 제공할 것을 규정함으로써 장애인이 안정적인 직업생활을 영위될 수 있도록 하려는 것임
제안취지	

공동발의의원	[서명부보기]	찬성동의의원	[서명부보기]
김예지			

[목록]

3) 비용추계자료 제출

국회의원이 예산상 또는 기금상의 조치를 수반하는 의안을 발의할 때는 해당 법안의 시행에 따라 발생하는 재정지출 및 수입의 증감액 등을 사전에 점검하기 위하여 국회예산정책처의 비용추계서나 추계요구서를 함께 제출해야 한다(국회법 제79조의2 제1항). 20대 국회 의원발의 법안 중 비용추계서가 제출된 경우는 29.1%, 소요비용이 적거나 구체적인 내용이 시행령 등에 위임되어 있어 기술적 추계가 어렵다는 이유로 비용추계서가 미 첨부된 경우는 35.6%, 비용추계의 미 대상인 경우는 35.3%였다.[6]

나. 국회의원의 법률안 발의

국회의원이 법률안을 발의할 때는 상임위원회 제한이 없다. 교육위원회 소속 의원이 보험업법을 발의할 수도 있고, 외교통상위원회 소속 의원이 의료법을 발의할 수도 있다.

법안 발의 횟수에도 제한이 없다. 20대 국회에서 똑같이 4년의 의정활동을 하고도 696건을 발의한 국회의원이 있는가 하면(황주홍 민생당 의원), 5건도 채 발의하지 않은 국회의원도 있다.

대체로 의정활동에 열정적인 초선의원들이 법률안을 많이 발의하고, 상임위 위원장이나 간사를 맡는 다선의원들은 법률안 발의를 자제하는 경향이 있었다. 그러나 정당이 국회의원 후보자 재공천 심사 기준으로 법안 발의 실적을 평가하기 시작하면서 요즘은 다

---

6) 국회 예산정책처, 2021 법안 비용추계 이해와 사례, 23쪽.

선의원들의 법안 발의도 초선의원 못지않다.

　참고로 아래 분석된 여러 자료들은 의원들의 입법 성과에 대한 많은 시사점들을 준다고 볼 수 있다.

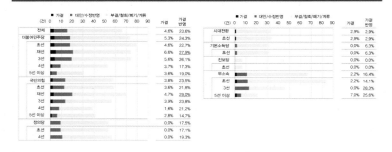

원데이터 출처: 대한민국 국회 국회사무처, 의안정보시스템 2023.7.
데이터분석: ㈜스트래티지엔리서치(SNR).

21대 국회 법안 발의 상위 20위 의원 및 가결율(%), 2023.7.21.*

상위 20위		가결	가결반영
	평균	4.3%	22.4%
1	민형배 (초선)	0.3%	11.2%
2	문춘병 (초선)	1.9%	20.0%
3	이종성 (초선)	4.7%	27.7%
4	김성원 (재선)	3.5%	18.6%
5	정청래 (3선)	3.5%	23.5%
6	양정숙 (초선)	0.6%	10.2%
7	서영교 (3선)	3.8%	43.3%
8	송옥주 (재선)	5.8%	30.3%
9	김예지 (초선)	3.9%	18.3%
10	최혜영 (초선)	2.6%	18.4%
11	강기윤 (재선)	5.4%	18.9%
12	정춘숙 (재선)	2.7%	25.7%
13	김도읍 (3선)	3.5%	19.1%
14	이병훈 (초선)	10.3%	26.9%
15	이종배 (3선)	3.7%	19.9%
16	강선우 (초선)	9.0%	28.6%
17	이용우 (초선)	17.4%	31.1%
18	백혜련 (재선)	9.2%	31.3%
19	박주민 (재선)	1.5%	15.4%
20	이수진 (비례X초선)	2.3%	25.0%

21대 국회 법안 발의 하위 20위 의원 및 가결율(%), 2023.7.21.*

하위 20위		가결	가결반영
	평균	4.6%	19.1%
267	OOO	17.9%	39.3%
268	OOO	7.4%	18.5%
268	OOO	11.1%	33.3%
268	OOO	0.0%	16.5%
271	OOO	20.0%	40.0%
272	OOO	0.0%	8.3%
272	OOO	8.3%	20.8%
274	OOO	4.5%	18.2%
274	OOO	0.0%	13.6%
276	OOO	0.0%	19.0%
276	OOO	0.0%	4.8%
276	OOO	0.0%	19.0%
276	OOO	0.0%	9.5%
280	OOO	0.0%	0.0%
281	OOO	5.6%	33.3%
261	OOO	0.0%	5.6%
283	OOO	0.0%	40.0%
284	OOO	0.0%	0.0%
285	OOO	0.0%	0.0%
286	OOO	0.0%	0.0%

원데이터 출처: 대한민국 국회 국회사무처, 의안정보시스템 2023.7.
 * 임기 중 사퇴 및 보궐선거 당선 의원 제외

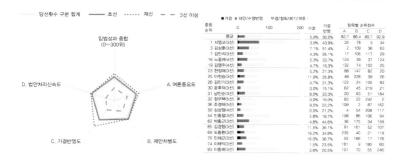

원데이터 출처: 대한민국 국회사무처, 의안정보시스템 2023.07 / (주)스트래티
지앤리서치(SNR), 정책여론조사 (수행기관: 한국리서치) 2021.4,
2023.3
데이터 분석: (주)스트래티지앤리서치(SNR).

Note: 본 입법성과 점수는 4개 평가차원별 순위점수를 평균하여 산출함: 각 순
위점수는 차원별 기준점수를 기초로 함: 여론중요도=각 법안의 정책반영
도* 정책여론중요도; 제안차별도=1/(제안내용 유사도); 가결반영도=가
결반영 가중치; 법안처리 신속도=1/(각 법안의 처리소요 및 계류일 수).

☐ SNR은 2021년과 2023년의 정책여론조사와 21대 국회 임기 3년 간의 의안
정보 데이터를 AI 및 통계 분석을 통해 살펴 보았다.
☐ 본 내용에 따르면, 가장 높은 입법성과도를 보인 당선횟수별 의원그룹은 재선
의원들이다. 이 그룹이 발의한 법안들은 모든 평가 항목에서 초선과 3선 이상
그룹을 앞서는 순위를 나타냈으며, 특히, 가결반영도 순위에서 큰 차이를 보
였다.
☐ 3선 이상 그룹의 평균 순위는 가장 낮지만, 상위 의원들의 경우, 다수 초－
재선 의원들보다 높은 1위부터 100위 이내 순위를 차지했다.

다. 국회의원이 법률안을 얻는 원천

1) 국회의원 개인의 배경

법안 발의에 영향을 미치는 요소는 단연 국회의원 개인의 배경이다. 아무런 경험과 전문성 없이 국회의원이 되는 경우는 드물다. 정당은 국회의원 총선거를 앞두고 인재를 영입하는데, 이때 각 분야에서 두각을 드러내고 신뢰를 받는 사람이 영입 대상이 된다. 또한, 이렇게 영입되어 공천을 받고 당선된 국회의원은 자신의 전문성이 쌓인 분야의 법률안을 발의한다. 시각장애인 피아니스트로 한국장애인예술협회 이사 출신의 김예지 의원이 장애인 복리 증진에 관한 법률안을 발의하여 다수 통과시킨 것이 대표적이다.

의안정보시스템 캡쳐 화면 - 김예지 의원 대표발의

의안번호	의안명	제안자구분	제안일자	의결일자	의결결과	주요내용	심사진행상태
2102979	저작권법 일부개정법률안(김예지의원 등 11인)	의원	2020-08-14	2021-11-15	철회		철회
2102978	장애인고용촉진 및 직업재활법 일부개정법률안(김예지의원 등 10인)	의원	2020-08-14				소관위심사
2102903	장애인고용촉진 및 직업재활법 일부개정법률안(김예지의원 등 10인)	의원	2020-08-12				소관위심사
2102438	장애인고용촉진 및 직업재활법 일부개정법률안(김예지의원 등 37인)	의원	2020-07-28				소관위심사
2102437	지방세특례제한법 일부개정법률안(김예지의원 등 10인)	의원	2020-07-28	2020-12-09	대안반영폐기		대안반영폐기
2102436	최저임금법 일부개정법률안(김예지의원 등 37인)	의원	2020-07-28				소관위심사
2102196	지방세법 일부개정법률안(김예지의원 등 10인)	의원	2020-07-20	2020-12-09	대안반영폐기		대안반영폐기
2102193	교통약자의 이동편의 증진법 일부개정법률안(김예지의원 등 10인)	의원	2020-07-20	2020-12-01	대안반영폐기		대안반영폐기
2102133	점자법 일부개정법률안(김예지의원 등 10인)	의원	2020-07-17	2020-11-19	대안반영폐기		대안반영폐기
2101610	약사법 일부개정법률안(김예지의원 등 10인)	의원	2020-07-08	2021-06-29	대안반영폐기		대안반영폐기

2) 국정감사 등 의정활동을 통한 정책과제 발굴

국회의 꽃은 국정감사다. 정기국회 중인 매년 10월경 개최되는데, 이때 날카롭고 깊이 있는 질의를 통해 국감 스타로 떠오르는 국회의원들도 있다. 국정감사 질의에서 그치지 않고 법률을 제·개정해 관련 문제를 해결하려는 국회의원도 적지 않다.

일례로 이형석 의원(더불어민주당)은 2021년 국정감사에서 시멘트 제조공장의 환경오염 물질로 인한 주민 피해 실태를 밝히고, 시멘트업체들이 매년 250억 원의 기금을 조성해 피해지역 주민을 지원하겠다고 해놓고 이를 지키지 않는 점을 지적했다. 국정감사 종료 후, 감사내용을 반영해 시멘트 생산량 1톤당 500원의 지역자원시설세를 부과하는 내용의 지방세법, 지방세기본법, 지방재정법 개정안을 발의했다. 국정감사 질의를 입법으로 연결한 사례다.

국민의힘 박성민 의원은 2022년 국회 행정안전위원회 국정감사에서 방사선비상계획구역 설정으로 시민들이 피해를 보고 있음에도 원자력 안전 지원이 원자력발전소 소재 지역을 중심으로 배분될 뿐, 비상계획구역 설정만으로는 아무런 예산 지원이 뒤따르지 않는다는 점을 지적했다. 그 후 박성민 의원은 원자력안전교부세 세원을 마련하고 방사선 비상계획구역으로 지정된 지자체에 균등 지원하는 내용의 지방교부세법 개정안(2022.12.7.)을 발의해, 국정감사에서 지적된 내용을 입법으로 해결하기 위해 노력했다.

3) 씽크탱크의 제안

정치인은 자신과 뜻을 같이하면서도 정책 학습을 돕고 과제를 발굴해 주는 정책자문그룹을 두는 경우가 많다. 2021년 대통령 선거를 준비하던 윤석열 당시 국민의힘 후보와 더불어민주당 이재명 후보 역시 각각 정책자문단을 꾸렸다. 윤석열 후보는 예비후보 시절 교수 및 전직 고위 관료로 꾸려진 1차 자문단의 명단을 공개하는 것을 시작으로 정책자문그룹을 강화해갔다. 이재명 후보는 정책자문그룹 '세상을 바꾸는 정책 2022'(세바정 2022)를 출범시켰다. 정책자문그룹에 누가 참여하느냐에 따라 정책의 기조가 달라질 만큼 정치인의 씽크탱크는 중요하다.

국회의원 역시 씽크탱크의 도움을 받는다. 특히 지역구 의원들은 선거공약부터 지방 거점 대학 교수들이 참여하는 씽크탱크와 개발하는 경우가 많다. 국회의원의 정책자문그룹은 정책, 법안에 대한 도움을 주고, 때로는 연설문이나 담화문 같은 메시지의 방향과 톤을 조절하는 데 참여하기도 한다.

4) 언론보도 등에 따른 여론

국회의원의 법안 발의를 가장 쉽게 예측하는 방법은 여론을 살피는 것이다. 특히 국민들이 공분하는 사고나 범죄가 발생하면 관련 범죄에 대한 처벌을 상향하는 법률안이 쏟아져 나온다.

2020년 3월 미성년자 성착취 동영상을 촬영하고 이를 텔레그램 메신저를 통해 유포한 이른바 N번방 사건이 발생했다. 그러자 불법촬영물의 다운로드나 피촬영자의 의사에 반하는 촬영물 유포를 처벌하는 내용, 서비스 사업자에 책임을 부과하는 등의 이른바 'N번방 방지법'이 쏟아져 나왔다.[7]

---

7) 성폭력범죄의 처벌 등에 관한 법률, 아동청소년의 성보호에 관한 법률 등 총 24건의 개정법률안이 제출되었다.

|표 2| 'N번방 방지법'관련 개정 법률안

형법	성폭력범죄의 처벌 등에 관한 특례법	아동·청소년의 성보호에 관한 법률	정보통신망 이용촉진 및 정보보호 등에 관한 법률 및 전기통신사업법	기타
백혜련 등 18인 2020. 3. 23.	백혜련 등 18인 2020. 3. 23.	송희경 등 12인 2020. 3. 25.	정보통신망 이용촉진 및 정보보호 등에 관한 법률	유아교육법 및 초·중등교육법 서영교 등 11인 2020. 4. 28.
박대출 등 11인 2020. 4. 9.	송희경 등 12인 2020. 3. 25.	박대출 등 11인 2020. 4. 9.	백혜련 등 18인 2020. 3. 23.	특정강력범죄의 처벌에 관한 특례법
한정애 등 14인 2020. 4. 21.	한정애 등 15인 2020. 4. 21.	백혜련 등 10인 2020. 4. 20.	박광온 등 12인 2020. 3. 31.	권미혁 등 11인 2020. 5. 7.
		정춘숙 등 12인 2020. 4. 24.	이원욱 등 13인 2020. 5. 4.	범죄수익은닉의 규제 및 처벌 등에 관한 법률 한정애 등 14인 2020. 4. 21.
		한정애 등 15인 2020. 4. 21.	전기통신사업법	
		권미혁 등 11인 2020. 5. 7.	이원욱 등 13인 2020. 5. 4.	송기헌 등 10인 2020. 4. 24.

　이처럼 언론이 주목하는 쟁점과 관련된 법률안은 심사·통과되기도 쉽다. 'N번방 방지법' 역시 언론의 주목을 받은 뒤 얼마 지나지 않은 2020. 5. 19. 개정되었다. 반면 깊은 논의 없이 통과되어 개정조항이 헌법불합치 결정을 받는 등 법률의 부작용도 만만치 않다.[8]

---

8) 'N번방 방지법' 중 하나인 개정 성폭력처벌법으로 인해 주거침입 후 강간·

5) 이해관계자의 요청(직능단체 등)

국회의원의 발의 법안 중에는 각종 협회나 직능단체의 요청으로 발의된 법안도 많다. 국회의원 자신이 속하거나 속했던 직업군을 위해 법률안을 발의한 경우도 적지 않다.

이를테면 최초의 소방관 출신 국회의원인 오영환 의원은 2021. 12.22. 의학 지식과 정보가 부족해 공무상 재해를 인정받기 어려운 소방공무원의 처우를 개선하기 위해, 공상추정제도를 도입하는 공무원 재해보상법 개정안을 발의했다.

약사 출신의 서정숙 의원은 2020.11.16. 바이오제약산업의 역량이 복제약 제조·판매에서 신약개발로 옮겨갈 수 있도록 공동 생동과 공동임상에 대한 규제를 정비하는 내용의 약사법 개정안을 발의해 통과시키기도 했다.

정의당 류호정 의원은 문신(타투) 시술을 합법화하는 타투업법을 대표발의한 후, 민주노총 타투 유니온 조합원들과 제정 촉구 기자회견을 하는 등 문신사(타투이스트)의 권익 보장을 위해 함께 노력하고 있다.

강제추행을 한 경우 형량의 하한이 징역 5년에서 7년으로 올랐다. 법정형이 7년 이상의 유기징역일 경우 작량감경을 하더라도 무조건 실형을 받을 수밖에 없기 때문에 형량이 과하다는 의견이 지배적이었다. 헌법재판소는 일선 법원 25곳의 위헌법률심판제청과 7명의 헌법소원을 병합해 심리한 끝에 '주거침입죄와 (준)강제추행죄는 행위 유형이 매우 다양하므로 각 행위의 불법성에 맞는 처벌을 할 수 있는 범위로 법정형을 정할 필요가 있다'며 전원 일치의 의견으로 헌법불합치 결정을 했다.

6) 의원 소속정당의 정책부서에서 입안한 법률안을 발의

여야를 떠나 모든 정당은 정책을 개발하고 심의하는 정책위원회를 운영하고 있는데, 정책위원회는 당의 정체성에 맞는 정책을 개발하여 이를 대통령 선거 공약이나 총선 공약으로 발표한다. 이와 같이 당 정책위원회에서 공약 또는 중요한 현안 관련 정책입안을 하고 필요한 경우 법률안을 마련하여 관련 상임위의 소속 의원에게 대표발의를 요청하는 경우이다.

보통 당론으로 만들어진 정책이 법률안으로 만들어지는 경우 법안 소관 상임위 의원이 대표 발의의원이 되고 나머지 소속 의원 모두가 공동발의자로 서명하는 경우가 많다.

7) 정부가 제공하는 법률안을 발의

일반적으로 정부의 법률안 발의 절차는 입법계획, 관계부처 협의, 규제영향분석 및 행정규제심사, 법제처 심사 등을 거쳐야 국회 법안 제출이 가능하므로 국회의원의 경우와 비교할 수 없을 정도로 복잡하고 길다. 복잡한 절차로 인해 업무계획을 달성하기 어렵다고 예상되는 때에는 각 부처에서 소관 상임위 소속 국회의원에게 직접 법률안 발의를 요청하기도 한다. 이러한 법률안에는 정부의 필요 때문에 만들어진 내용이 담겨 있고 대부분 법률안의 모든 문안이 완성된 형태로 의원실로 전달된다.

이러한 법안 발의는 정부입장에서는 정부입법의 복잡한 절차를 생략할 수 있는 이점이 있고, 또 의원실 입장에서도 법안 발의 실적이 쌓이고 정부 부처와도 협조적인 관계를 유지할 수 있는 측면도 있어 굳이 반대할 이유가 없다. 이런 경우를 두고 국회에서는 '정부입법'이 아니라 '청부입법'이라는 우스갯소리를 하기도 한다.

그러나 각 부처가 직접 국회의원에게 요청하여 법률안이 발의되도록 한 경우는 부처 내 이견조정을 거치지 않은 것이기에 보통의 정부법률안과 달리 국회 심사과정에서 관계부처의 반대로 폐기되는 경우도 적지 않다.

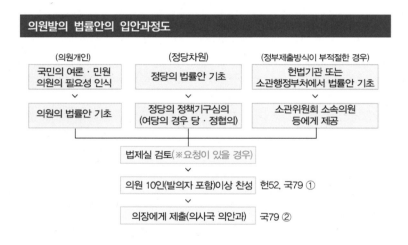

2. 정부의 법률안 발의

법률안 제출권은 국회의원과 더불어 정부에게도 있다(대한민국헌법 제52조). 정부의 법률안 발의 절차는 국회의원이 발의하는 경우에 비해 복잡하고 정교하다.

가. 입법계획

정부 제출 법률안은 부처별 입법계획의 수립부터 시작한다. 정부입법을 총괄·조정하는 법제처의 장은 매년 11월 30일이 되기 전에 각 중앙행정기관의 장에게 그다음 해에 추진할 법령안 입법계획의 작성방법이나 제출시기 등을 정해 통보한다. 중앙행정기관의 장은 그에 따라 연간 입법계획을 수립하고, 매년 1월 15일까지 법제처장에게 제출한다. 법제처장은 각 부처의 입법계획을 종합하여 그 해 정부가 추진할 정부입법계획을 수립한다. 각 부처의 연도별 업무계획을 보면 정부입법의 시기와 내용을 예상할 수 있다.

나. 법률안 입안

정부법안의 입안을 위해 각 부처의 소관국(과)이 초안을 작성한다. 정부가 추진하는 정책을 법조문의 형태로 구체화하는 것이다. 법령입안 과정에서 정책내용이나 예상효과 및 소요비용, 현행 법제에 끼치는 영향 등에 대한 분석과 전망이 수반된다.

다. 관계부처 협의

정부가 마련한 법률안의 초안은 다른 행정부처와의 협의를 요하는 경우도 많다. 이런 경우에는 입법예고를 하기 전에 미리 협의를 거친다.

라. 당정협의

정부 제출 법률안이 국회에서 통과되려면 여당과의 소통과 협조가 필요하다. 이를 위해 발의 전부터 여당과 당정협의를 거쳐 법률안의 내용을 조정하기도 한다. 당정협의는 실무당정협의와 고위당정협의로 나누어 부르기도 하는데, 실무당정협의는 각 부처와 여당 정책부서 실무자 단위로 이루어지고, 고위당정협의는 정부 내각(부처 장·차관)과 소관 대통령비서실(수석 및 비서관) 여당대표자 및 정책부서 책임자(정책위의장과 상임위 간사위원) 단위로 이루어진다.

마. 입법예고

정부입법은 발의 전에 입법예고를 거쳐야 한다. 법률안의 취지나 주요 내용 또는 전문을 관보 등의 방법으로 널리 알려야 하는데, 주로 국민참여입법센터 누리집(opinion.lawmaking.go.kr)에서 의견수렴이 이뤄진다. 공청회 등과 같은 의견수렴절차를 병행할 때도 있다.

바. 규제영향분석 및 행정규제심사

정부가 추진하는 입법이 규제 사항을 담고 있으면, 규제영향분석을 하고 규제영향분석서를 작성하며, 규제개혁위원회의 규제심사를 받아야 한다(행정규제기본법).9)

사. 법제처 심사

각 부처는 소관 법령안에 관한 관계기관 협의, 입법예고, 행정규제심사를 거친 후 법제처장에게 그 법령안의 심사를 요청하여야 한다. 법제처는 법령의 자구나 체계 등 형식적 사항은 물론 내용의 적법성과 타당성도 심사한다.

아. 차관회의 및 국무회의 심의

법제처 심사가 끝난 법률안은 차관회의를 거쳐 국무회의에 상정된다. 차관회의가 일종의 사전심의를 하는 셈이다. 긴급한 경우에는 차관회의를 생략하고 바로 국무회의에 상정하기도 한다.

자. 대통령의 서명과 국무총리, 관계 국무위원의 부서

국무회의를 통과한 법률안은 국무총리와 관계 국무위원이 부서한 뒤 법제처와 국무총리실을 거쳐 대통령실에 이송해 대통령의 재가를 받는다.

---

9) 행정규제기본법 제10조(심사 요청) ① 중앙행정기관의 장은 규제를 신설하거나 강화하려면 위원회에 심사를 요청하여야 한다. 이 경우 법령안(法令案)에 대하여는 법제처장에게 법령안 심사를 요청하기 전에 하여야 한다.

차. 국회 제출

대통령의 재가를 받은 법률안은 법제처가 대통령 명의로 국회에 제출한다.

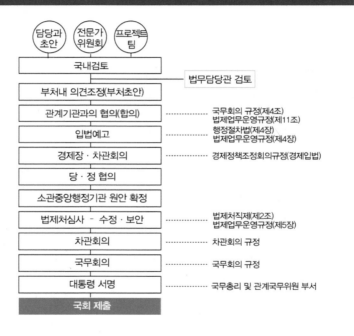

3. 위원회의 법률안 제안

국회법은 상임위원회가 그 소관에 속하는 사항과 관련해 법률안을 제안할 수 있다고 규정하고 있다.[10] 위원회가 제안하는 법률안은 위원회가 그 소관에 관한 사항과 관련하여 독자적으로 법률안을 제출하는 위원회안과 의원과 정부가 제출한 법률안을 심사하는 과정에서 원안의 취지를 변경하지 않는 수준에서 수정하거나 체계를 바꾸어 원안을 대신하는 위원회대안이 있다.

위원회가 직접 만든 법률안을 제출하는 경우는 그리 많지 않으며, 위원회안은 대부분이 위원회대안이라고 봐도 크게 틀리지 않는다.

그러나 위원회대안은 의원이나 정부가 제출한 원안을 전제로 해서 동일한 법안의 경우 이를 묶어서 하나의 법률안을 만드는 것이기 때문에 엄밀하게 말해서 독자적인 법률안으로 보기 어렵다. 이 경우 위원회대안의 기초가 되었던 원안 법률안들은 대안으로 반영됨에 따라 폐기되며 사실상 법안 통과와 동일하다고 봐도 무방하다.

4. 법률안 제출과 위원회 회부

국회사무처 의안과에서 법률안을 접수하면 법률안 제출 절차는 마무리되며, 의안과에 접수된 법률안은 국회 누리집을 통해 확인할

---

10) 국회법 제51조(위원회의 제안) ① 위원회는 그 소관에 속하는 사항에 관하여 법률안과 그 밖의 의안을 제출할 수 있다.

수 있다. 의안정보시스템의 최근 접수의안을 보면 그날그날 의원들
이 발의한 법률안의 제안이유 및 주요 내용과 공동발의한 의원들
이 누구인지 파악할 수 있다.

　이렇게 의안과에 접수된 법률안은 상임위원회로 회부된다. 회부
란 발의된 법률안이 심사할 권한이 있는 소관 상임위원회로 보내
진다는 의미이다.

Ⅲ 상임위원회 심사 및 의결

많은 분들의 도움을 받아 힘들게 법안은 발의했는데 앞으로 법안이 국회를 통과해서 법으로 되기까지는 많은 절차가 남아 있다고 한다. 1년에도 몇 천건 씩 발의되는 법안 중에 실제로 통과되는 법률은 10%도 안 된다고 하고 누구는 법안 발의는 법안 통과 전체 과정에서 보면 이제 겨우 1부 능선을 넘은 것이라도 한다. 법안이 꼭 통과되어야 하는데 그냥 기다리면 되는 건지 아니면 누굴 만나서 어떻게 해야 하는 건지 잘 모르겠다. 법안 통과를 위해 A 회장이 할 수 있는 일은 어떤 것들이 있을까?

발의된 법안이 해당 상임위원회에 회부되면서 본격적인 심사 절차가 진행된다. 상임위원회 심사를 통과하면 법제사법위원회 체계·자구 심사를 거쳐 본회의에 상정되고 통과하면 국회 입법절차는 완성된다.

다들 쉽게 짐작하겠지만 하루에도 수십 건씩, 국회 임기 내에 2만 건 이상의 법률안이 발의되는데, 발의된 모든 법률안이 다 통과되는 것은 아니다. 실제로 발의된 원안 그대로 가결되는 경우는 10% 내외이고 대안으로 반영되는 경우를 포함해서 40% 내외이다. 다음 표에서 보는 것처럼 국회 법안 통과율 추이는 점점 하락하고 있다.

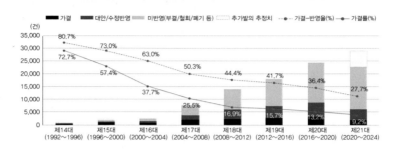

원데이터 출처: 대한민국 국회사무처, 의안정보시스템 2023.7.
데이터 분석: (주)스트래티지앤리서치(SNR).

* 가결 – 반영률(%) = (가결 + 대안/수정반영 법안수)/접수 법안수; 가결률(%) =
가결 법안수/접수 법안수

특히 다음의 단계별 법안처리 통계표를 보면 전체 법률안 심사에
서 상임위원회 심사 단계를 통과하기 위해서는 절반 이하의 확률을
뚫어야 하며, 이를 위해 많은 노력을 기울여야 한다는 것을 쉽게 알
수 있다.

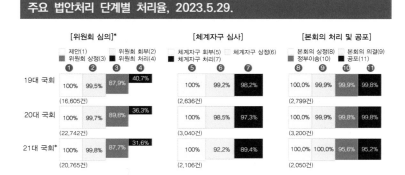

원데이터 출처: 대한민국 국회사무처, 의안정보시스템 2023.7.
데이터 분석: (주)스트래티지앤리서치(SNR).

* 접수 법안에는 위원장 대안을 제외한 원안 법안만 포함.

이하 상임위원회 심사 절차에 대해 자세히 살펴본다.

1. 상임위원회

가. 상임위원회 회부

발의된 법안은 심사를 위해 해당 법안을 소관으로 하는 해당 상
임위원회로 회부된다. 국회법 제37조에 국회 상임위원회 종류 및
소관 사항이 규정되어 있는데 국회에는 17개 상임위원회가 있고,
상임위원회별 소관사항 및 소관부처는 아래와 같다.11)

---

11) 국회법 제37조(상임위원회와 그 소관) ① 상임위원회의 종류와 소관 사항은
    다음과 같다.

국회 상임위원회별 소관사항 및 소관부처

국회운영위원회
- 국회운영에 관한 사항
- 「국회법」과 국회규칙에 관한 사항
- 국회사무처 소관에 속하는 사항
- 국회도서관 소관에 속하는 사항
- 국회예산정책처 소관에 속하는 사항
- 국회입법조사처 소관에 속하는 사항
- 대통령비서실, 국가안보실, 대통령 경호처 소관에 속하는 사항
- 국가인권위원회 소관에 속하는 사항

법제사법위원회
- 법무부 소관에 속하는 사항
- 법제처 소관에 속하는 사항
- 감사원 소관에 속하는 사항
- 헌법재판소 사무에 관한 사항
- 법원·군사법원의 사법행정에 관한 사항
- 탄핵소추에 관한 사항
- 법률안·국회규칙안의 체계·형식과 자구의 심사에 관한 사항

정무위원회
- 국무조정실, 국무총리비서실 소관에 속하는 사항
- 국가보훈처 소관에 속하는 사항
- 공정거래위원회 소관에 속하는 사항
- 금융위원회 소관에 속하는 사항
- 국민권익위원회 소관에 속하는 사항

기획재정위원회
- 기획재정부 소관에 속하는 사항
- 한국은행 소관에 속하는 사항

교육위원회
- 교육부 소관에 속하는 사항

과학기술정보방송통신위원회
- 과학기술정보통신부 소관에 속하는 사항
- 방송통신위원회 소관에 속하는 사항
- 원자력안전위원회 소관에 속하는 사항

외교통일위원회
- 외교부 소관에 속하는 사항
- 통일부 소관에 속하는 사항
- 민주평화통일자문회의 사무에 관한 사항

국방위원회
- 국방부 소관에 속하는 사항

행정안전위원회
- 행정안전부 소관에 속하는 사항
- 인사혁신처 소관에 속하는 사항
- 중앙선거관리위원회 사무에 관한 사항
- 지방자치단체에 관한 사항

문화체육관광위원회
- 문화체육관광부 소관에 속하는 사항

농림축산식품해양수산위원회
- 농림축산식품부 소관에 속하는 사항
- 해양수산부 소관에 속하는 사항

산업통상자원중소벤처기업위원회
- 산업통상자원부 소관에 속하는 사항
- 중소벤처기업부 소관에 속하는 사항

보건복지위원회
- 보건복지부 소관에 속하는 사항
- 식품의약품안전처 소관에 속하는 사항

환경노동위원회
- 환경부 소관에 속하는 사항
- 고용노동부 소관에 속하는 사항

국토교통위원회
- 국토교통부 소관에 속하는 사항

정보위원회
- 국가정보원 소관에 속하는 사항
- 「국가정보원법」 제3조 제1항 제5호에 규정된 정보 및 보안업무의 기획·조정 대상부처 소관의 정보예산안과 결산심사에 관한 사항

여성가족위원회
- 여성가족부 소관에 속하는 사항

법제처 국가법령정보센터에서 법률을 검색하면 소관부처가 나오고 그 소관부처를 담당하는 상임위원회로 법안이 회부된다.

예를 들어 하도급거래의 수급사업자를 보호하기 위한 하도급거래의 공정화에 관한 법률이라면 공정거래위원회 소관사항을 심사하는 정무위원회에서 심사되고, 중소기업을 보호하기 위한 법률이라면 산업통상자원중소벤처기업위원회의 심사를 거쳐야 한다. 같은 내용의 법 조항이라도 어느 법안에 담기는지에 따라 소관 상임위원회가 달라지므로, 법안 발의 단계부터 이를 고려하는 것이 좋다. 납품단가 연동제 도입 사례를 보자.

납품단가 연동제는 2009년경 하도급대금 조정협의제도(하도급법 제16조의2)와 함께 하도급법에 도입하는 것이 논의된 바 있으나 계약자유의 원칙에 위배되고, 시장경제 체제에 부합하지 않는다는 등의 이유로 도입되지 못했다.

하지만 하도급대금 조정협의제도 요건이 지나치게 까다롭고, 거래단절을 우려한 중소기업이 해당 제도를 활용하기 어렵다는 등 그 실효성에 대한 비판이 계속되었다. COVID-19와 우크라이나 침공 사태 장기화 등으로 인하여 원유, 철광석, 펄프 등 주요 원자재 가격이 지속적으로 상승하고, 다수의 수급사업자가 거래상 지위에 따른 협상력 차이로 인하여 원재료 가격 상승분을 하도급대금에 제대로 반영하지 못하는 문제가 심화되었다.

납품단가 연동제는 하도급법이 아닌 상생협력법에 담겨 중소벤처기업부 소관법령을 소관하는 산업통상자원중소벤처기업위원회 심사를 무난히 통과해, 2023. 1. 3. 공표되었다. 이에 따라 납품단가 연동제를 도입하는 하도급법 개정안도 2023. 2. 20. 국회 정무위원회를 무난히 통과하였다. 만일 처음부터 산업통상자원중소벤처기업위원회 심사 법안으로 발의되었더라면, 납품단가 연동제의 도입이 더 앞당겨졌을지 모를 일이다.

나. 입법예고

소관 상임위원회로 회부된 법안은 국회법 제82조의2[12]에 따라 입법예고 절차를 거친다.

---

12) 국회법 제82조의2(입법예고) ① 위원장은 간사와 협의하여 회부된 법률안(체계·자구 심사를 위하여 법제사법위원회에 회부된 법률안은 제외한다)의 입법 취지와 주요 내용 등을 국회공보 또는 국회 인터넷 홈페이지 등에 게재하는 방법 등으로 입법예고하여야 한다.

국회법과 국회 규칙에 따라 발의자, 입법취지와 주요 내용, 법률안의 전문 등을 국회 인터넷 누리집에 게재하는 방식으로 입법예고를 한다. 그리고 입법예고된 법률안에 대해 의견이 있는 국민은 법률안 사이트 아래에 의견등록을 할 수 있다.

다. 상임위원회 심사

상임위원회에 회부된 법률안은 ⅰ) 상정 및 제안자 취지 설명, ⅱ) 전문위원 검토보고, ⅲ) 대체토론(공청회, 청문회), ⅳ) 소위원회 심사 – 축조심사, ⅴ) 위원회 표결의 과정을 거치며 심사가 이루어진다. 단계별 세부 내용과 대응 전략에 대해 알아본다.

1) 상정 및 제안자 취지 설명

상임위원회에 회부된 법률안에 대한 심사가 진행되기 위해서는 먼저 상임위원회 회의에서 법률안이 의제로 상정되어야 한다.[13] 상정(上程)이란 토의할 안건을 회의 석상에 내어놓는 것을 말하는데, 법률안이 회의의 안건으로 상정되기 위해서는 미리 그 안건이 그날의 의사일정에 등록되어 있어야 한다. 의사일정이란 회의에서 의논할 사항을 미리 정하여 놓은 차례인데, 이는 상임위원회 위원

---

13) 국회법 제59조(의안의 상정시기) 위원회는 의안(예산안, 기금운용계획안 및 임대형 민자사업 한도액안은 제외한다. 이하 이 조에서 같다)이 위원회에 회부된 날부터 다음 각 호의 구분에 따른 기간이 지나지 아니하였을 때에는 그 의안을 상정할 수 없다. 다만, 긴급하고 불가피한 사유로 위원회의 의결이 있는 경우에는 그러하지 아니하다.
   1. 일부개정법률안: 15일
   2. 제정법률안, 전부개정법률안 및 폐지법률안: 20일
   3. 체계·자구 심사를 위하여 법제사법위원회에 회부된 법률안: 5일
   4. 법률안 외의 의안: 20일

장이 교섭단체별 각 당 소속 의원들을 대표한 간사와 협의하여 정한다(국회법 제49조 제2항). 법률안 안건은 당해 회의를 주관하는 위원장이 주로 상정한다.

제403회 국회(임시회) 제1차 전체회의 국토교통위원회회의록(임시회의록) 제1호 30쪽 참조

(이전 생략)

□ 위원장 OOO 그러면 의사일정 제65항부터 제249항까지 총 185건의 법률안을 일괄하여 **상정합니다**.

(이후 생략)

의안의 상정과 관련하여 국회법은 그 상정시기에 제한을 두고 있는데, 상임위원회에 회부된 의안은 위원회에 회부된 날부터 일부개정법률안의 경우 15일, 제정법률안과 전부개정법률안 및 폐지법률안의 경우 20일, 체계·자구 심사를 위하여 법제사법위원회에 회부된 법률안의 경우 5일이 지나지 않았다면 안건으로 상정될 수 없다.

이와 같은 제한 기간은 일반적으로 안건심사와 검토에 필요한 최소한의 숙려기간을 갖기 위한 것이라고 보며, 실무적으로는 이 기간에 입법예고와 전문위원의 검토보고서 작성 등이 이루어진다. 다만, 긴급하고 불가피한 사유로 위원회의 의결이 있는 경우에는 이와 같은 제한 기간의 준수 없이 의안으로 상정될 수 있다.

상정된 법률안은 먼저 그 취지의 설명을 듣도록 하였다.[14] 당해

---

14) 국회법 제58조(위원회의 심사) ① 위원회는 안건을 심사할 때 먼저 그 취지

법률안을 제출한 당사자가 그 취지를 설명(이하 제안설명이라 함)한다. 의원발의 법률안의 경우 발의자인 국회의원이 주로 제안설명하며, 정부 제출 법률안의 경우 국무위원 혹은 정부위원이 제안설명을 한다. 의원발의 법률안의 대표발의자가 설명할 수 없으면 발의에 찬성한 찬성자가 대신하여 제안설명을 할 수도 있다.

제403회 국회(임시회) 제1차 전체회의 국토교통위원회회의록(임시회의록) 제1호 30쪽 참조

(이전 생략)

- 위원장 〇〇〇 (생략) 먼저 의사일정 제151항 수도권정비계획법 일부개정법률안에 대하여 발의자를 대표해서 □□□의원님 나오셔서 제안설명해 주시기 바랍니다.

- □□□ 의원 존경하는 〇〇〇 위원장님 그리고 선배 · 동료 위원 여러분! 경기도 고양시을 □□□ 의원입니다. 제가 대표발의한 수도권정비계획법 일부개정법률안에 대해서 제안설명드리기 위해서 이 자리에 나섰습니다. (생략) 수도권정비계획법 제6조 권역의 구분과 지정을 살펴보면 수도권의 인구와 산업을 적정하게 배치하기 위해라는 전제조건이 깔려 있습니다. 부디 과거의 법이 현재 국민의 삶을 발목 잡지 않도록 제안된 법안을 원안대로 심의 의결해 주실 것을 부탁드립니다. 고맙습니다. (이후 생략)

의 설명과 전문위원의 검토보고를 듣고 대체토론[안건 전체에 대한 문제점과 당부(當否)에 관한 일반적 토론을 말하며 제안자와의 질의 · 답변을 포함한다]과 축조심사 및 찬반토론을 거쳐 표결한다.

제안설명은 구두설명이 원칙이지만, 서면으로 갈음하기도 한다.

제403회 국회(임시회) 제1차 전체회의 국토교통위원회회의록(임시회의록) 제1호 32쪽 참조
(이전 생략)
- □ 위원장 ○○○ 수고하셨습니다. 그 밖의 법률안의 제안설명은 단말기 자료를 참고해 주시기 바랍니다. (제안설명서는 부록에 실음) (이후 생략)

2) 전문위원 검토보고

법률안을 제출한 자의 제안설명이 끝나면 전문위원의 검토보고를 듣는다. 주로 구두보고가 이루어지지만, 구두보고가 어려운 경우 서면으로 대체되기도 한다. 전문위원의 검토보고는 특별한 사정이 없으면 해당 안건의 위원회 상정일 48시간 전까지 소속 위원에게 배부되어야 한다.[15]

제403회 국회(임시회) 제1차 전체회의 국토교통위원회회의록(임시회의록) 제1호 32쪽 참조
(이전 생략)
- □ 위원장 ○○○ (생략) 다음은 전문위원의 검토보고를 들을 순서입니다.

---

15) 국회법 제58조 ⑨ 제1항에 따른 전문위원의 검토보고서는 특별한 사정이 없으면 해당 안건의 위원회 상정일 48시간 전까지 소속 위원에게 배부되어야 한다.

먼저 의사일정 제65항부터 제179항까지 총 115건의 법률안에 대해서 송병철 수석전문위원 나오셔서 일괄하여 검토보고해 주시기 바랍니다.

▫ 수석전문위원 △△△ 수석전문위원입니다. 요약 검토보고서를 중심으로 검토의견을 말씀드리겠습니다. (생략) 이상 검토보고를 마치겠습니다. (이후 생략)

전문위원 검토보고는 그 당부를 떠나 법률안의 통과 여부에 상당한 영향력을 행사하기 때문에 국회 입법절차에서 중요한 의미가 있다. 검토보고는 입법의 배경 및 필요성, 내용의 타당성, 이해 관계자들의 의견, 해외 사례, 다른 법률과의 충돌 여부, 입법 영향 등 다양한 내용을 포함하고 있다.

검토보고서에 대한 이해를 돕기 위해 실제 방송법 일부개정법률안의 검토보고서를 예로 들어 제시해 보고자 한다. 2023년 3월 30일 본회의를 통과한 방송법 일부개정법률안(의안번호: 2119906)은 2023년 2월 과학기술정보방송통신위원회 수석전문위원에 의해 검토보고서가 작성되었다. 주요 내용은 공공채널 보도·논평 프로그램의 지역채널 편성 허용에 관한 것이었으며, 제안경위, 제안이유 및 주요 내용, 검토의견으로 구성되어 있다.

방송법 일부개정법률안 검토보고서

제403회국회(임시회)
제1차 과학기술정보방송통신위원회

방송법 일부개정법률안
검 토 보 고

< 공공채널 보도·논평 프로그램의
지역채널 편성 허용 >
■ 조승래의원 대표발의(의안번호 제2119906호)

2023. 2.

과학기술정보방송통신위원회
수석전문위원 ○○○

목 차

Ⅰ. 제안경위 ··· 1

Ⅱ. 제안이유 및 주요내용 ····································· 1

Ⅲ. 검토의견 ··· 2

 1. 공공채널 보도·논평 프로그램의 지역채널 편성 허용
  (안 제70조 및 제108조) ··· 2

Ⅰ. 제안경위

가. 발 의 자 : 조승래의원 등 12인
나. 발 의 일 : 2023. 2. 8.
다. 회 부 일 : 2023. 2. 8.

Ⅱ. 제안이유 및 주요내용

현행법은 종합유선방송사업자로 하여금 지역채널을 운용하도록 하면서 지역채널에서 지역보도 이외의 보도, 특정사안에 대한 해설·논평을 내보내는 것을 금지하고 있음.

그러나 국가가 공공의 목적으로 운용하는 방송채널을 통하여 방송되는 국가의 주요 정책·입법 활동 등에 관한 정보에 대해서는 이들 지역주민에게 보다 적극적으로 제공함으로써 정책적 이슈에 대한 지역주민의 사회적 관심도를 제고하고 지역주민이 참여할 수 있는 소통의 기반을 마련할 필요가 있다는 의견이 있음.

이에 국가가 공공의 목적으로 운영하는 공공채널의 보도나 해설·논평 그 밖의 방송프로그램에 대해서는 지역채널 편성 규제를 부분적으로 완화함으로써 국가정책에 대한 지역주민의 정보접근성을 제고하고 지역채널의 사회적 기능을 제고하려는 것임(안 제70조 및 제108조).

Ⅲ. 검토의견

1. 공공채널 보도·논평 프로그램의 지역채널 편성 허용(안 제70조 및 제108조)

가. 주요 내용

○ 개정안은 공공채널의 보도나 해설·논평 그 밖의 방송프로그램에 대해서는 지역채널의 편성 규제 범위에서 일부 완화하려는 내용임.

현 행	개 정 안
제70조(채널의 구성과 운용) ① ~ ③ (생 략)	제70조(채널의 구성과 운용) ① ~ ③ (현행과 같음)
④ 종합유선방송사업자·위성방송사업자 및 전송선로사업자는 대통령령이 정하는 바에 따라서 지역채널 및 공공채널을 두어야 한다.	④ -------------------------------------
⑤ 공공채널에 대하여는 다만, 지역채널에서는 지역보도 이외의 보도, 특정사안에 대한 해설·논평을 금지한다.	<신설>
⑤ ~ ⑧ (생 략)	⑤ ~ ⑧ (현행과 같음)
<신 설>	⑨ 제4항에 따른 지역채널에서는 지역보도 이외의 보도, 특정 사안에 대한 해설·논평을 금지한다. 다만, 공공채널의 보도나 해설·논평 그 밖의 방송프로그램을 편성·운용하는 경우에는 그러하지 아니하다.
제108조(과태료) ① 다음 각 호의 어느 하나에 해당하는 자에게는 3천만원 이하의 과태료를 부과한다.	제108조(과태료) ① -------------------------

심사를 해야 하는 법률안의 수가 많고, 의사일정은 한계가 있어 전문위원의 검토보고서는 법률안의 제·개정에 상당한 영향력을 행사한다.16)

국회 심의 과정에서 전문위원 검토보고서가 법률안의 원안 채택에 미치는 영향에 대한 연구에 따르면 수정의견을 강하게 제시할수록 법률안이 많이 수정되어 원안대로 채택되는 부분의 비율이 떨어지는 것으로 나타났다.17)

같은 연구에서 정리된 전문위원 검토보고서 결론의 분류 범주에 따른 수정의견 강도 점수 분석표는 전문위원 검토보고서의 결론 부분이 어떻게 서술되어 있느냐에 따라 법률안 통과의 향방을 가늠해 볼 수 있는 하나의 지표가 되기도 한다.

---

16) 국회의원이 발의한 법률안이 국회 공무원 1인의 검토보고에 큰 영향을 받는다는 것에 대해 문제시하는 목소리도 있고, 쏟아지는 법률안에 대한 심도 있는 검토가 이루어지는 절차라는 점과 안건심사의 효율성 제고 측면에서 중요한 의미를 가진다고 보는 견해도 있다. 최근 국회에서는 이와 같은 검토보고제도의 개선방안을 고민하고 있기도 하다.

17) 김형섭·홍준형, 국회 심의 과정에서 전문위원 검토보고서가 정부 제출 법률안의 원안 채택에 미치는 영향에 관한 연구, 한국정책학회보, 제27권 3호, 한국정책학회, 2018, 91쪽 이하.

|표 3| 전문위원 검토보고서 결론의 분류 범주에 따른 수정의견 강도 점수

점수	검토보고서 결론(예시)
1점 (매우 약함/ 원안지지)	"개정안은 타당한 측면이 있음", "입법의 필요성이 인정됨", "적절한 개정이라고 판단됨", "타당한 조치로 보여짐", "바람직하다고 사료됨", "수용 가능한 것으로 보임" * "입법정책적 판단이 필요함(의견 없음/판단보류)"
2점 (약함/ 문구수정, 문제점 제시)	"그 의미를 명확히 하기 위하여 ~와 같이 수정이 필요함" (내용은 그대로 두면서 의미를 명확히 하거나 법문장을 체계에 맞게 하는 등의 수정의견 등), "입법 취지는 타당하나 ~점을 고려할 필요가 있음"(구체적인 수정안 제시 없이 단순 의견 또는 문제점이나 부작용 제시),
3점 (보통/취지를 유지하며 수정의견)	"~로 수정하는 방안을 검토할 필요가 있음", "다음과 같이 수정할 필요가 있음" 등 수정안 제시, 구체적 대안 제시(실질적 내용에 변화가 있을 정도의 수정)
4점 (강함/취지와 다른 정도의 수정의견)	당초 취지와 다른 정도의 수정의견 제시, 부정적 의견을 주로 적시하며 결론보류, 사실상 삭제가 필요하다는 의견 등
5점 (매우 강함/ 삭제의견)	"신중한 검토가 필요함", "입법의 실익이 없음", "개정 필요성은 크지 않다고 판단됨", "안 제0조는 삭제하는 것이 타당함", "다음과 같은 이유로 재검토가 필요함"

국회 각 상임위원회에 소속된 전문위원들은 입법과정 안에서의 절차적 전문성 외에도 각 분야에 대한 정책적 판단 능력을 기초로 정책지원기능을 수행하고 있다. 그리고 다년간의 법제업무를 바탕으로 축적한 전문위원의 전문성과 입법부 공무원으로서의 정치적 중립성 및 객관성, 그리고 법안 심사의 효율성을 위해 필요한 정보를 사전에 수집하고 쟁점을 정리하여 국회의원의 시간적 제약을

보완하는 기능도 한다.

　심의된 법률안의 검토보고서는 공개되며, 앞에서 자세히 설명한 국회의안정보시스템(http://likms.assembly.go.kr/bill/main.do)을 통해 확인할 수 있다.

　검토보고의 대상 법안이 통과되지 않은 경우라도, 검토보고서는 추후 입법을 재추진하거나 대통령령 등 후속 입법을 예상하기 위해서도 중요한 자료가 된다. 개별적으로 확인하기 어려운 정부기관과 이해 관계자의 입장이 표현된다는 점에서 특히 그러하다.

　참고로, 전문위원은 상임위원회의 위원장과 위원의 입법 활동 등을 지원하기 위해 상임위원회에 둔 위원회의 공무원으로, 차관보인 수석전문위원과 2급 일반직국가공무원인 전문위원을 말한다. 수석전문위원은 위원회별로 1명씩 두고 있으며, 전문위원은 위원회에 따라 1~4인까지 다양하다. 수석전문위원은 소속 위원회 위원장의 지휘를 받아 그 업무를 처리하고, 그 위원회 소속 공무원을 지휘·감독한다(국회사무처법 제9조 제1항). 전문위원은 법률안 등 소관안건에 대한 검토보고, 각종 의안을 비롯한 소관사항에 관한 자료의 수집 조사 연구 및 소속 위원에게 그 자료의 제공, 위원회에서의 각종 질의 시 소속 위원에게 질의자료의 제공, 의사진행의 보좌, 그 밖에 소속 위원회 소관에 속하는 사항의 업무를 행한다(국회사무처법 제9조 제2항).

한편 위원회의 공무원으로서 전문위원의 검토보고서 작성을 돕기 위해 2급 또는 3급 일반직국가공무원인 입법심의관과 3급~5급까지의 일반직국가공무원인 입법조사관을 두고 있다. 위원회별 (수석)전문위원과 입법심의관, 입법조사관 현황은 개별 상임위원회 누리집의 위원회공무원 항목을 통해 확인할 수 있다.[18]

---

18) 개별 상임위원회의 누리집은 대한민국국회 누리집(https://www.assembly.go.kr/portal/main/main.do)을 통해서 접속할 수 있으며, 참고로 국회운영위원회의 누리집 URL은 다음과 같다. https://steering.na.go.kr:444/steering/index.do?extendedParam=site_id=steering.

3) 대체토론(大體討論) / 공청회, 청문회

전문위원의 검토보고가 끝나면 대체토론이 이어진다. 대체토론
이란 안건 전체에 대한 문제점과 당부(當否)에 관한 일반적 토론을
말한다(국회법 제58조 제1항). 제안자와의 질의·답변도 대체토론에
서 이루어진다. 대체토론이 끝나지 않은 법률안은 소위원회에 회부
될 수 없다(동법 제58조 제3항).[19] 그러나 해를 거듭할수록 증가하
는 법률안의 양으로 인해 대체토론은 점점 형식화되고 있으며, 소
위원회 심사 단계에서 구체적인 내용심사와 함께 이루어지고 있는
것이 실정이다.

---

19) 국회법 제58조 ③ 위원회는 제1항에 따른 대체토론이 끝난 후에만 안건을
    소위원회에 회부할 수 있다.

제403회 국회(임시회) 제1차 전체회의 국토교통위원회회의록(임시회의록) 제1호 33쪽 참조

(이전 생략)

▫ 위원장 ○○○ 수고하셨습니다. 다음은 대체토론에 앞서서 효율적인 의사 진행을 위해 위원님들께서 양해해 주신다면 오늘 상정되는 법률안에 대해서 대체토론까지 마치는 것을 전제로 해서 먼저 소위원회 회부를 의결하고자 합니다. 참고로 의사일정 제248항 및 제249항은 2021년 6월 18일 및 12월 27일에 각각 대체토론을 실시하였으며 의사일정 제139항은 교섭단체 간사 위원님들과의 협의에 따라 소위원회에 회부하고자 하는 것입니다.

그러면 의사일정 제117항, 제125항, 제126항, 제199항, 제200항 및 제205항 이상 6건의 제정법률안은 공청회 개최를 위하여 전체회의에 계류하고 그 밖의 179건의 법률안은 법안심사소위원회 회부하고자 하는데 이의 없으십니까?

(『예』 하는 위원 있음)

가결되었음을 선포합니다. (이후 생략)

상임위원회는 제정법률안과 전부개정법률안에 대해서는 공청회 또는 청문회를 개최하여야 한다(국회법 제58조 제6항 본문).[20] 일부개정법률안의 경우 공청회나 청문회를 반드시 열어야 하는 것은 아니다. 공청회는 중요한 안건 또는 전문지식이 필요한 안건을 심사하기 위하여 상임위원회 의결 또는 재적위원 3분의 1 이상의 요

---

20) 국회법 제58조(위원회의 심사) ⑥ 위원회는 제정법률안과 전부개정법률안에 대해서는 공청회 또는 청문회를 개최하여야 한다. 다만, 위원회의 의결로 이를 생략할 수 있다.

구로 개최되며(국회법 제64조 제1항), 이해관계자 또는 학식·경험이 있는 사람 등(진술인)으로부터 의견을 듣는다. 위원회가 주관하는 공청회는 그 위원회의 회의이기 때문에(동법 제64조 제4항) 위원회 회의의 의사일정으로 실시된다.

청문회는 중요한 안건의 심사에서 증인·감정인·참고인으로부터 증언·진술을 청취하고 증거를 채택하기 위하여 위원회 의결로 열 수 있다(국회법 제65조 제1항). 법률안 심사를 위한 청문회는 재적위원 3분의 1 이상의 요구로 개회할 수 있다(동법 제65조 제2항 본문). 청문회는 공개하는 것이 원칙이지만 위원회의 의결로 청문회의 전부 또는 일부를 공개하지 않을 수도 있다(동법 제65조 제4항).

공청회 및 청문회 진행 과정은 대한민국국회 누리집을 통해 실시간으로 확인이 가능하다. 국회는 국회에서의중계방송등에관한규칙에 따라 국회 회의와 공청회/청문회 등을 중계방송하고, 그 결과를 영상회의록으로 공개하고 있다.

또한 공청회 및 청문회 자료는 대한민국국회 누리집 > 알림마 당 > 정책참고자료실 등에서 확인할 수 있다.

정책참고자료실 캡쳐 화면

제정법률안과 전부개정법률안에 대한 공청회나 청문회는 의무이
지만 위원회의 의결로 이를 생략할 수 있다(국회법 제58조 제6항 단
서). 국회법에는 공청회와 청문회의 개최 시기에 관한 명확한 규정
은 없으나, 보통 대체토론을 마치고 소위원회 심사 회부 전이나 심
사 중에 주로 이루어진다.

4) 소위원회[21] 심사 – 축조심사(국회법 제58조 제3항)[22]

대체토론이 끝나면 당해 안건을 소위원회에 회부할 것인지 여부

---

21) 국회법 제57조(소위원회) ① 위원회는 소관 사항을 분담·심사하기 위하여
   상설소위원회를 둘 수 있고, 필요한 경우 특정한 안건의 심사를 위하여 소
   위원회를 둘 수 있다. 이 경우 소위원회에 대하여 국회규칙으로 정하는 바
   에 따라 필요한 인원 및 예산 등을 지원할 수 있다.
   ② 상임위원회는 소관 법률안의 심사를 분담하는 둘 이상의 소위원회를 둘
   수 있다.
22) 국회법 제58조 ② 상임위원회는 안건을 심사할 때 소위원회에 회부하여 이
   를 심사·보고하도록 한다.

를 결정한다. 여기까지의 법률안 심사는 대체로 국회에 제출된 모든 법률안에 대해서 이루어진다. 즉 국회에 제출된 법률안은 특별한 경우가 아닌 한 상정, 제안설명, 전문위원 검토보고, 대체토론을 거쳐 소위원회에 회부된다.

상임위원회는 소관 사항을 분담, 심사하기 위하여 그리고 필요한 경우 특정한 안건의 심사를 위하여 소위원회를 둘 수 있다. 상임위원회는 소관 법률안의 심사를 분담하는 둘 이상의 소위원회를 둘 수 있다(국회법 제57조 제2항). 상임위원회별 소위원회 구성과 소속 의원 현황 등은 개별 상임위원회의 누리집을 통해 공개되어 있다.

그러나 소위원회에 회부된 안건은 상당수가 소위원회 심사의 관문을 넘지 못하고 폐기되는 수순을 밟게 되고, 이러한 이유로 소위원회 심사는 법률안 제·개정 절차에서 상당히 중요한 의미를 갖는다고 할 수 있다.

소관 상임위원회에서 심사·의결된 내용을 본회의에서는 거의 그대로 통과시키는 소위 '위원회중심주의'를 채택하고 있는 우리 국회에서 법안심사소위원회에서의 심사와 의결은 실질적으로 그 안건의 생사를 결정짓는 과정이기 되기 때문이다. 소위원회는 회부된 안건에 대한 심사가 끝나면 위원회에 보고해야 한다(국회법 제58조 제2항).

소위원회 소개 캡쳐 화면

새로운희망을
만드는 국회

🏛 법제사법위원회

🔍 로그인 사이트맵 이메일

위원회 소개　위원회 일정　법률·의안　예산안·결산·기금　국정감사　청원　위원회회의록　보도자료　자료실　공지사항

위원회 소개

위원회 개관
위원회 구성　〉
　위원명단
　■ 소위원회
　위원회공문원
소관기관

소위원회

소위원회	위원		
	더불어민주당	국민의힘	비교섭단체
법안심사제1소위원회 (8인)	★기동민 (奇東民) 권인숙 (權仁淑) 김남국 (金南國) 박주민 (朴柱民) 이탄희 (李誕熙)	유상범 (劉相凡) 장동혁 (張東赫) 정점식 (鄭点植)	
법안심사제2소위원회 (11인)	권칠승 (權七勝) 기동민 (奇東民) 김승원 (金勝源) 김의겸 (金宜謙) 박범계 (朴範界) 소강호 (蘇康鎬)	★정점식 (鄭点植) 박형수 (朴炯洙) 전주혜 (全珠惠) 조수진 (趙修眞)	조정훈 (趙貞訓)
예산결산기금심사소위원회 (8인)	김남국 (金南國) 김승원 (金勝源) 박주민 (朴柱民) 이탄희 (李誕熙) 소강호 (蘇康鎬)	★정점식 (鄭点植) 박형우 (朴炯洙) 전주혜 (全珠惠)	
청원심사소위원회 (6인)	★김의겸 (金宜謙) 권인숙 (權仁淑) 권칠승 (權七勝) 박범계 (朴範界)	유상범 (劉相凡) 조수진 (趙修眞)	

★표는 소위원장

국회법은 소위원회 심사절차에 관한 명시적인 규정을 두고 있지 않다. 그러나 소위원회에 관하여서는 국회법에서 다르게 정하거나 성질에 반하지 않는 한 위원회에 관한 규정을 적용하기로 되어 있어 (국회법 제57조 제8항 본문), 상정, 제안 취지 설명, 질의토론, 축조심사, 표결 절차를 밟는다. 그런데 소위원회에서는 축조심사(逐條審査)를 반드시 하도록 해 생략할 수 없다(동법 제57조 제8항 본문).[23)]

축조(逐條)란 한자의 의미 그대로 해석이나 검토 따위에서, 한

---

23) 국회법 제57조 ⑧ 소위원회에 관하여는 이 법에서 다르게 정하거나 성질에 반하지 아니하는 한 위원회에 관한 규정을 적용한다. 다만, 소위원회는 축조 심사(逐條審査)를 생략해서는 아니 된다.

조목 한 조목씩 차례로 좇음을 말한다. 법률안에 대해 축조심사를 해야 한다는 것은 법률 조문을 하나하나 좇으면서 그 내용 및 자구를 세밀하게 검토해야 한다는 것이다. 실제로는 몇 개의 조문씩 묶어서 이의유무를 물어 표결하는 형식으로 진행된다.[24] 축조심사는 위원회 의결로 생략할 수 있다. 그러나 제정법률안과 전부개정법률안은 생략할 수 없다(국회법 제58조 제5항).[25]

소위원회에는 보통 소위원장, 소위원회 위원, 전문위원, 소관 부처 정부위원이 참석한다. 그 외 보좌진, 사무처 조사관, 속기사 등도 참석하고 있다. 소위원회 심사자료는 전문위원이 작성하여 사전 배포하는데, 안건의 내용과 위원회의 대체토론 요지, 필요시 수정의견 등 내용을 담고 있다.

정부위원은 정부 제출 법률안에 대한 설명, 의원입법에 대한 정부의 입장 표명, 기타 위원들의 질의응답을 위해서 참석한다. 소위원회의 회의는 공개하는 것이 원칙이지만, 소위원회의 의결로 공개하지 않을 수 있다(동법 제57조 제5항).

일반인은 법안소위에 참관이 어려우며, 속기록을 통해서만 그 내용을 파악할 수 있다. 소위원회의 회의 내용 회의록을 통해 확인할 수 있다. 회의록은 국회의안정보시스템에 등재되어 있다. 또한 대한민국국회 누리집 국회활동 > 국회회의 > 회의록 등을 통해서도 확인할 수 있다.

---

24) 임종훈 · 이정은, 한국입법과정론, 박영사, 2021, 266쪽.
25) 국회법 제58조 ⑤ 제1항에 따른 축조심사는 위원회의 의결로 생략할 수 있다. 다만, 제정법률안과 전부개정법률안에 대해서는 그러하지 아니하다.

소위원회 회의록 캡처 화면

· 위원회 심사

▶ 소관위 심사정보

소관위원회	회부일	상정일	처리일	처리결과	문서
과학기술정보방송통신위원회	2023-02-08	2023-02-09	2023-03-21	원안가결	검토보고서 심사보고서 위원회의결안

▶ 소관위 회의정보

회의명	회의일	회의결과	회의록
제403회 국회(임시회)제1차 전체회의	2023-02-09	상정/제안설명/검토보고/대체토론/소위회부	요약
제403회 국회(임시회)제1차 정보통신방송법안심사소위	2023-02-14	상정/축조심사/의결(원안가결)	요약
제404회 국회(임시회)제1차 전체회의	2023-03-21	상정/소위심사보고/찬반토론/의결(원안가결)	요약

▶ 법사위 체계자구심사정보

회부일	상정일	처리일	처리결과	체계자구검토보고서
2023-03-21	2023-03-27	2023-03-30	수정가결	

▶ 법사위 회의정보

회의명	회의일	회의결과	회의록
제404회 국회(임시회)제2차 전체회의	2023-03-27	상정/제안설명/검토보고/대체토론/소위회부	요약
제404회 국회(임시회)제1차 법안심사제2소위	2023-03-30	상정/축조심사/의결(수정가결)	요약
제404회 국회(임시회)제5차 전체회의	2023-03-30	상정/소위심사보고/찬반토론/의결(수정가결)	요약

실제 소위원회에서 이루어지는 회의의 모습은 다음과 같다.

제403회 국회(임시회) 제1차 정보통신방송법안심사소위 과학기술정보 방송통신위원회회의록(정보통신방송법안심사소위원회) 제1호 3쪽 참조

(이전 생략)

▫ 소위원장 *OOO* 의사일정 제1항 방송법 일부개정법률안부터 의사일정 제27항 통신비밀보호법 일부개정법률안까지 이상 27건의 법률안을 일괄상정합니다.

　오늘 법안 심사를 위하여 △△△ 과학기술정보통신부 2차관 등 관계 공무원이 참석하고 있고 방송통신위원회 □□□ 부위원장이 위원님 질의에 답변하기 위하여 대기하고 있음을 알려 드립니다. 배석한 정부 관계 직원분들께서 답변하는 경우에는 먼저 위원장의 허가를 득한 후에 속기를 위하여 직책과 성명을 밝혀 주시기 바랍니다.

　법안 심사 방법을 안내해 드리면, 먼저 소위 자료를 중심으로 수석전문위원으로부터 보고를 들은 후에 정부 측 답변을 듣고 위원님들의 의견이나 질문을 통하여 법안 내용이 정리되면 법안 제명별로 의결하는 방식으로 심사를 진행하겠습니다. (생략)

　그러면 먼저 의사일정 제1항 방송법 일부개정법률안에 대해서 수석전문위원 보고해 주시기 바랍니다. (이후 생략)

　소위원회는 폐회 중에도 활동할 수 있으며, 법안심사소위원회는 매월 3회 이상 개회한다(국회법 제57조 제6항). 법안소위를 매월 3회 이상 개회하도록 한 것은 상시 국회 체계를 제도화하려는 취지에서 비롯된 것이다. 한편 소위원회에 회부되어 심사 중인 안건과 직접 관련된 안건이 위원회에 새로 회부된 경우에 필요성이 인정되면 위원장이 간사와 협의하여 그 안건을 바로 해당 소위원회에 회부하여 함께 심사하게 할 수 있다(동법 제58조 제4항).

이에 따라 법안 통과를 저지하려 하거나 별도의 의견을 반영할 필요가 있다고 판단하는 의원 혹은 정부가 반대되는 내용의 법률안 혹은 별도의 법률안을 제출하여 함께 심사가 이루어지도록 하기도 한다.

소위원회에서 심사를 마쳤을 때는 소위원회 위원장은 그 심사 경과 및 결과를 위원회에 보고해야 한다. 이 경우 소위원회 위원장은 심사보고서에 소위원회의 회의록 또는 그 요지를 첨부해야 한다(동법 제68조).

그러나 실제로는 일정한 형식의 심사보고서를 작성하거나 소위원회 회의록 또는 요지를 첨부하여 보고하지 않고, 법률안에 대한 소위원회 수정안 등의 형태로 심사결과를 배부하고 소위원장이 구두보고 형식으로 심사보고를 하는 경우가 많다고 한다.[26]

5) 위원회 표결

소위원회 심사, 찬반토론 등을 통해 법안에 대한 심사가 모두 끝나면 표결로 당해 법안의 본회의 부의 여부를 결정한다. 표결은 위원회 재적위원 과반수의 출석과 출석한 위원 과반수의 찬성으로 이루어진다(국회법 제109조). 가부동수인 경우에는 부결된 것으로 본다(대한민국헌법 제49조). 실제 위원회에서는 보통 이의 여부를 묻고 반대가 없으면 모두 동의한 것으로 보아 가결선포를 한다.

---

26) 임종훈·이정은, 한국입법과정론, 박영사, 2021, 264쪽.

제403회 국회(임시회) 제1차 전체회의 국토교통위원회회의록(임시회의록) 제1호 22쪽 참조

(이전 생략)

▫ 위원장 OOO (생략) 더 이상 의견이 없으시면 토론을 종결하고 의결하도록 하겠습니다.

안건을 의결하기 전에 축조심사 및 비용추계서 첨부 생략을 의결하도록 하겠습니다.

먼저 오늘 의결할 일부개정법률안에 대해서는 법안심사소위원회에서 심도 있는 심사가 이루어졌으므로 국회법 제58조제5항에 따라 축조심사를 생략하고자 하는데 이의가 없으십니까? (『없습니다』 하는 위원 있음) 가결되었음을 선포합니다.

그리고 오늘 의결한 법률안 중에 예산 또는 기금상의 조치를 수반하는 법률안의 경우에는 비용추계를 의뢰할 예정이나 본회의 부의 전까지 비용추계서가 회신되지 못하는 경우에는 국회법 제66조제3항 및 제79조의2제3항 단서 규정에 따라 비용추계서 첨부를 생략하고자 하는데 이의 없으십니까? (『없습니다』 하는 위원 있음) 가결되었음을 선포합니다.

그러면 법률안을 의결하도록 하겠습니다.

의사일정 제4항 주거급여법 일부개정법률안은 법안심사소위원회에서 심사보고한 수정안대로 의결하고자 하는데 이의 없으십니까? (『없습니다』 하는 위원 있음) 가결되었음을 선포합니다.

의사일정 제5항 기업도시개발 특별법 일부개정법률안은 법안심사소위원회에서 심사보고한 수정안대로 의결하고자 하는데 이의 없으십니까? (『없습니다』 하는 위원 있음) 가결되었음을 선포합니다. (이후 생략)

위원회 법률안 심사 절차도

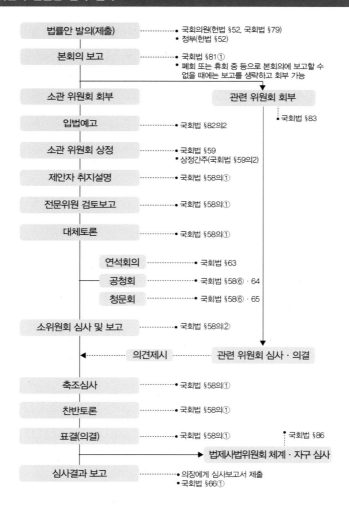

법률안 발의(제출) ············· • 국회의원(헌법 §52, 국회법 §79)
                                 • 정부(헌법 §52)

본회의 보고 ············· • 국회법 §81①
                        • 폐회 또는 휴회 중 등으로 본회의에 보고할 수
                          없을 때에는 보고를 생략하고 회부 가능

소관 위원회 회부   **관련 위원회 회부**

                                              • 국회법 §83

입법예고 ············· • 국회법 §82의2

소관 위원회 상정 ············· • 국회법 §59
                            • 상정간주(국회법 §59의2)

제안자 취지설명 ············· • 국회법 §58의①

전문위원 검토보고 ············· • 국회법 §58의①

대체토론 ············· • 국회법 §58의①

연석회의 ············· • 국회법 §63

공청회 ············· • 국회법 §58⑥ · 64

청문회 ············· • 국회법 §58⑥ · 65

소위원회 심사 및 보고 ············· • 국회법 §58의②

의견제시 ············· **관련 위원회 심사 · 의결**

축조심사 ············· • 국회법 §58의①

찬반토론 ············· • 국회법 §58의①

표결(의결) ············· • 국회법 §58의①   • 국회법 §86

                                          법제사법위원회 체계 · 자구 심사

심사결과 보고 ············· • 의장에게 심사보고서 제출
                          • 국회법 §66①

2. 위원회의 특수한 심사 절차

18대 국회는 그 임기가 끝날 무렵인 2012년 5월 2일 새로운 안건 처리절차의 도입과 국회질서유지 강화 등을 목적으로 하는 국회법 개정안을 통과시켰다(법률 제11453호, 2012년 5월 25일, 일부개정). 이 개정법안이 이른바 '국회선진화법'이다.

이는 국회에서 쟁점안건의 심의과정에서 물리적 충돌을 방지하고 안건이 대화와 타협을 통하여 심의되도록 하며, 소수 의견이 개진될 기회의 보장과 동시에 효율적인 안건 심의를 위한 것이다. 또한 의장석 또는 위원장석 점거 등을 금지함으로써 국회 내 질서유지를 강화하는 등 민주적이고 효율적인 국회를 구현하기 목적도 있다.

국회선진화법은 국회의장의 심사기간 지정사유를 엄격하게 제한하는 내용으로 심사기간 지정제도(국회법 제85조)를 변경하고, 위원회 안건조정제도(동법 제57조의2)와 무제한 토론제도(동법 제106조의2)라는 의사저지수단을 제도화하는 한편, 안건신속처리제도(동법 제85조의2)와 의안자동상정 간주제도(동법 제59조의2), 예산안 및 예산부수법안의 본회의 자동부의제도(동법 제85조의3), 법제사법위원회 체계·자구 심사 지연 법률안의 본회의 자동부의제도(동법 제86조) 등을 마련하였다. 여기서는 예산과 관련한 본회의 자동부의제도는 제외하고 위원회 심사와 관련한 구체적 내용들을 좀 더 자세히 알아본다.

가. 안건신속처리제도[27])(Fast Track) (국회법 제85조의2)

안건신속처리제도는 위원회에 회부된 안건 중 신속처리대상으로 지정된 안건에 대하여 위원회의 심사기간을 제한하고, 그 심사기간이 종료되는 경우 해당 안건이 바로 본회의에 부의된 것으로 간주하는 제도이다.

여야 간 쟁점안건이 심의대상도 되지 못하고 위원회에 장기간 계류되는 상황을 최소화하기 위한 제도적 장치로서, 신속처리대상으로 지정된 안건에 대해서는 일정 기간이 지나면 자동으로 다음 단계로 진행하도록 하여 위원회 중심주의를 존중하면서도 입법의 효율성을 제고하고자 도입된 것이다.

우선 특정한 안건을 신속처리대상안건으로 지정하려는 경우 의원(또는 소관 상임위원회 소속 위원)은 재적의원(또는 재적위원) 과반수가 서명한 신속처리안건 지정동의를 의장(또는 위원장)에게 제출해야 한다(국회법 제85조의2 제1항).

신속처리안건 지정동의가 제출되면 의장(또는 위원장)은 지체 없

---

27) 국회법 제85조의2(안건의 신속 처리) ① 위원회에 회부된 안건(체계 · 자구 심사를 위하여 법제사법위원회에 회부된 안건을 포함한다)을 제2항에 따른 신속처리대상안건으로 지정하려는 경우 의원은 재적의원 과반수가 서명한 신속처리대상안건 지정요구 동의(動議)(이하 이 조에서 "신속처리안건 지정동의"라 한다)를 의장에게 제출하고, 안건의 소관 위원회 소속 위원은 소관 위원회 재적위원 과반수가 서명한 신속처리안건 지정동의를 소관 위원회 위원장에게 제출하여야 한다. 이 경우 의장 또는 안건의 소관 위원회 위원장은 지체 없이 신속처리안건 지정동의를 무기명투표로 표결하되, 재적의원 5분의 3 이상 또는 안건의 소관 위원회 재적위원 5분의 3 이상의 찬성으로 의결한다.

이 이를 무기명투표로 표결하고, 재적의원 5분의 3 이상(또는 안건의 소관 위원회 재적위원 5분의 3 이상)의 찬성으로 의결한다. 일단 신속처리안건 지정동의가 가결되면, 의장은 그 안건을 신속처리안건으로 지정해야 한다(동법 제85조의2 제2항 1문).

신속처리안건으로 지정되면 상임위원회는 지정된 법률안을 180일 이내에 심사를 완료해야 하며, 법제사법위원회는 90일 이내에 심사를 마쳐야 한다. 이때 위원회가 신속처리대상안건에 대한 대안을 입안한 경우에는 그 대안을 신속처리대상안건으로 간주한다(동법 제85조의2 제2항 2문). 그러나 신속처리대상안건으로 지정된 법률안이라고 할지라도 의장이 각 교섭단체 대표의원과 합의한 경우에는 안건신속처리 절차의 적용을 배제할 수 있다(동법 제85조의2 제8항). 법률안의 신속처리대상안건 지정 및 심사 절차도는 다음과 같다.[28]

---

28) 법제사법위원회, 제21대 국회 후반기 법제사법위원회 편람, 2022, 36쪽.

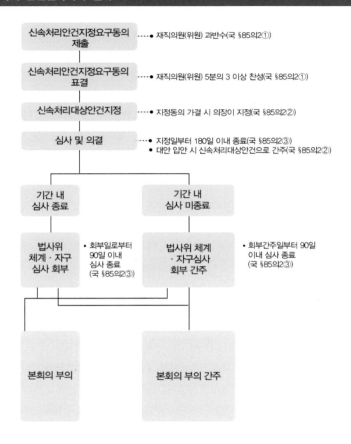

국회 안건신속처리 절차도

신속처리안건지정요구동의
제출
  ····● 재직의원(위원) 과반수(국 §85의2①)

신속처리안건지정요구동의
표결
  ····● 재직의원(위원) 5분의 3 이상 찬성(국 §85의2①)

신속처리대상안건지정
  ····● 지정동의 가결 시 의장이 지정(국 §85의2②)

심사 및 의결
  ····● 지정일부터 180일 이내 종료(국 §85의2③)
      ● 대안 입안 시 신속처리대상안건으로 간주(국 §85의2②)

| 기간 내 심사 종료 | 기간 내 심사 미종료 |

법사위
체계 · 자구
심사 회부
  ● 회부일로부터 90일 이내 심사 종료 (국 §85의2③)

법사위 체계
· 자구심사
회부 간주
  ● 회부간주일부터 90일 이내 심사 종료 (국 §85의2③)

본회의 부의

본회의 부의 간주

　신속처리대상안건은 향후 입법절차의 단계별로 심사기간 등에 제한이 생긴다. 심사기간 등을 준수하지 못한 경우에는 자동으로 다음 단계의 절차로 넘어가게 된다. 특정한 안건이 어느 단계에서 신속처리대상안건으로 지정되었느냐에 따라 심사기간 등이 달라지는데, 이에 대해서는 구체적인 사례를 통해 그 내용을 확인해 본다.

먼저 A 법률안이 상임위원회심사를 거치는 과정에서 신속처리대상안건으로 지정된 경우, 위원회는 A 법률안에 대한 심사를 그 지정일부터 180일 이내에 마쳐야 한다. 가령 2023년 4월 14일에 A 법률안이 신속처리대상안건으로 지정되었다면 2023년 10월 11일까지 A 법률안에 대한 위원회심사를 마쳐야 한다. 만약 2023년 10월 11일까지 A 법률안에 대한 위원회 표결이 이루어지지 않고 A 법률안이 계류하고 있는 경우, A 법률안은 2023년 10월 12일에 소관 위원회 심사를 마치고 체계·자구 심사를 위하여 법제사법위원회로 회부된 것으로 간주된다.

다음으로 B 법률안이 법제사법위원회에서 체계·자구 심사를 거치는 과정에서 신속처리대상안건으로 지정된 경우, 법제사법위원회는 B 법률안에 대한 체계·자구 심사를 90일 이내에 마쳐야 한다. 가령 2023년 4월 14일에 B 법률안이 신속처리대상안건으로 지정되었다면 2023년 7월 12일까지 B 법률안에 대한 체계·자구 심사를 마쳐야 한다. 만약 2023년 7월 12일까지 B 법률안에 대한 체계·자구 심사가 마무리되지 않고 B 법률안이 법사위에 계류하고 있는 경우, B 법률안은 2023년 7월 13일에 법제사법위원회에서 심사를 마치고 바로 본회의에 부의된 것으로 간주된다.

한편 A 법률안이 법제사법위원회에 회부되면, 90일 이내에 체계·자구 심사를 마쳐야 한다. 법사위에서의 심사가 90일 이내에 끝나면 그에 따라 본회의에 부의되지만, 90일이 지나도록 심사가 마무리되지 않으면 법제사법위원회에 회부된 것으로 보는 날(2023년

10월 12일)부터 90일이 끝난 다음 날인 2024년 1월 10일에 법제사
법위원회에서의 심사를 마치고 바로 본회의에 부의된 것으로 간주
된다.

A 법률안과 B 법률안이 본회의에 자동 부의된 것으로 간주된
경우 A 법률안과 B 법률안은 본회의에 부의된 것으로 보는 날부터
60일 이내에 본회의에 상정되어야 한다. 만약 부의된 것으로 보는
날부터 60일 이내에 본회의에 상정되지 않으면 그 기간이 지난 후
처음으로 개의되는 본회의에 상정된다. 즉, A 법률안은 2024년 3
월 10일 이후 처음으로 개의되는 본회의에 자동으로 상정이 되며,
B 법률안은 2023년 9월 11일 이후 처음으로 개의되는 본회의에
자동으로 상정된다.

그런데 국회법은 180일(위원회심사)과 90일(법사위 체계·자구 심
사) 이내라는 심사기간을 준수하여 본회의에 부의된 신속처리대상
안건에 대해서는 본회의 부의 간주와 관련하여 별다른 언급이 없
다. 이와 같은 안건의 처리와 관련하여 논란의 여지가 있다.

참고로 20대 국회에서는 제20대 국회에서 사회적 참사의 진상규
명 및 안전사회 건설 등을 위한 특별법안(박주민 의원 대표발의), 사
립학교법 일부개정법률안(임재훈 의원 대표발의)을 비롯한 총 9건의
법률안이 신속처리대상안건으로 지정되었다.[29]

한편, 신속처리대상안건으로 지정된 위 9건 모두 위원회 심사는
거의 이뤄지지 못했고, 입법과정이 다음 단계로 자동회부 또는 자

---

29) 국회사무처, 국회선례집(2021), 547-548쪽.

동부의 되는 과정을 통해 본회의에서 의결되었다. 위 9건 중 1건은 부결되고 8건은 수정가결되었는데, 이는 위원회 단계에서 제대로 심사가 이뤄지지 못해 본회의 심의 단계에서 수정안이 제출되어 처리된 결과라고 볼 수 있다.[30]

│표 4│ 신속처리 대상 법안의 입법과정

법안명	소관위	법사위	본회의		
	신속처리 지정일	회부일	부의 간주일	의결일	의결 결과
사회적 참사 특별법	2016.12.26	2017.6.24	2017.9.22	2017.11.24	수정가결
사립학교법 개정안	2018.12.27	2019.6.25	2019.9.24	2020.1.13	수정가결
유아교육법 개정안	2018.12.27	2019.6.25	2019.9.24	2020.1.13	수정가결
학교급식법 개정안	2018.12.27	2019.6.25	2019.9.24	2020.1.13	수정가결
공직선거법 개정안	2019.4.30	2019.8.29	2019.11.29	2019.12.27	수정가결
고위공직자 범죄수사처법	2019.4.30	2019.9.2	2019.12.3	2019.12.30	수정가결
고위공직자 부패수사처법	2019.4.30	2019.9.2	2019.12.3	2019.12.30	부결
형사소송법 개정안	2019.4.30	2019.9.2	2019.12.3	2020.1.13	수정가결
검찰청법 개정안	2019.4.30	2019.9.2	2019.12.3	2020.1.13	수정가결

자료: 국회의안정보시스템, <http://likms.assembly.go.kr/bill/main.do>

---

30) 국회입법조사처, 국회 안건신속처리제의 운영 현황과 개선 과제(2020), 12-13쪽.

나. 안건조정위원회제도31)

안건조정위원회제도는 위원회에서 직접 심사하거나 소위원회에서 심사할 경우 이견을 조정하기 어려운 안건에 대하여 위원회 재적위원 3분의 1 이상의 요구에 따라 소속 의원 수가 가장 많은 제1 교섭단체 소속 조정위원과 그 밖의 조정위원을 각각 3인의 동수로 하는 안건조정위원회를 구성하여 논의하도록 함으로써, 쟁점 안건을 대화와 타협을 통해 효과적으로 처리할 수 있도록 한 제도이다.

안건조정위원회에서는 조정위원의 3분의 2인 4명 이상의 찬성으로 조정안을 의결하도록 함으로써(국회법 제57조의2 제6항) 최소한의 합의를 전제로 결론을 도출하게 되어 있으며, 이러한 측면에서 안건조정제도는 국회 내 다수 세력의 일방적 입법 시도를 저지하는 기능도 가지고 있다.

안건조정위원회는 상임위원회의 재적위원 3분의 1 이상의 요구로 구성되고, 그 구성일로부터 90일 동안 활동한다(활동기한은 상임위원장이 조정위원회를 구성할 때 간사와 합의하여 90일을 넘지 않는 범위에서 따로 정할 수 있다). 이견 조정이 필요한 안건에 대해 재적위원 3분의 1 이상이 안건조정요구서를 제출하면, 위원회 위원장은 여야 간사와 협의해 안건조정위원회 조정위원을 선임하고, 조정위

---

31) 국회법 제57조의2(안건조정위원회) ① 위원회는 이견을 조정할 필요가 있는 안건[1]을 심사하기 위하여 재적위원 3분의 1 이상의 요구로 안건조정위원회[2]를 구성하고 해당 안건을 제58조제1항에 따른 대체토론(大體討論)이 끝난 후 조정위원회에 회부한다. 다만, 조정위원회를 거친 안건에 대해서는 그 심사를 위한 조정위원회를 구성할 수 없다.

원장은 안건조정위원회가 제1교섭단체(소속 의원 수가 가장 많은 교섭단체) 소속 조정위원 중에서 선출하여 상임위원회 위원장이 국회 의장에게 보고한다(동법 제57조의2 제5항).

안건조정위원회는 조정위원장 1명을 포함하여 6명의 조정위원으로 구성하며(동법 제57조의2 제3항), 제1교섭단체에 속하는 조정위원의 수와 제1교섭단체에 속하지 않는 조정위원의 수를 같게 한다(동법 제57조의2 제4항 본문). 다만, 제1교섭단체가 둘 이상인 경우에는 각 교섭단체에 속하는 조정위원 및 어느 교섭단체에도 속하지 않는 조정위원의 수를 상임위원장이 간사와 합의하여 정한다(동법 제57조의2 제4항 단서).

안건조정위원회 대상안건은 위원회에 회부된 안건 중 이견을 조정할 필요가 있는 안건이며, 안건조정요구서에 명시되어 있는 안건만을 대상으로 한다. 예산안 등과 ⅰ) 체계·자구 심사를 위하여 법제사법위원회에 회부된 법률안, ⅱ) 안건조정위원회를 거친 안건은 안건조정위원회 대상안건이 될 수 없다(동법 제57조의2 제1항). 한편, 신속처리대상안건도 안건조정위원회 대상안건이 될 수 있다. 다만 이들에게 주어진 위원회 심사기간이 지나 법제사법위원회에 회부되거나 바로 본회의에 부의된 것으로 보는 경우에는 조정위원회의 활동기한이 남았더라도 그 활동을 종료한다(동법 제57조의2 제9항).

안건조정위원회는 대상안건에 대한 조정안을 재적 조정위원 3분의 2 이상의 찬성으로 의결한다. 이 경우 조정위원장은 의결된 조정안을 지체 없이 상임위원회에 보고한다(동법 제57조의2 제6항). 안건조정위원회에서 조정안이 의결된 안건에 대해서는 소위원회의 심사를 거친 것으로 보며, 상임위원회는 조정위원회의 조정안이 의결된 날부터 30일 이내에 그 안건을 표결해야 한다(동법 제57조의2 제7항). 조정위원회의 활동기한까지 안건이 조정되지 않거나 조정안이 부결된 경우에는 조정위원장은 심사경과를 상임위원회에 보고해야 한다. 이 경우 위원장은 해당 안건(소위원회의 심사를 마친 안건은 제외한다)을 소위원회에 회부한다(동법 제57조의2 제8항). 안건조정위원회 심사 절차도는 다음과 같다.[32]

32) 법제사법위원회, 제21대 국회 후반기 법제사법위원회 편람, 2022, 36쪽.

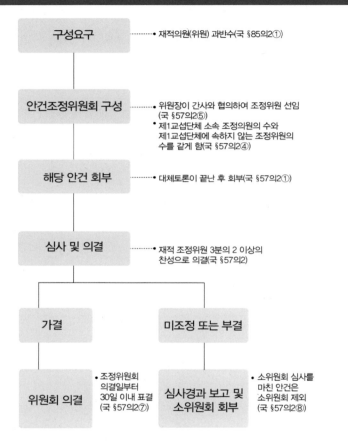

실제 안건조정위원회의 운영 모습은 아래와 같다.

가. 제20대 국회 국회의장은 2019. 4. 30. '공직선거법 일부개정법률
안'[심상정 의원 대표발의, 의안번호 제2019985호, 이하 '공직선거
법 개정안(심상정 의원안)'이라 한다]을 국회법 제85조의2 제2항에

따라 신속처리대상안건으로 지정하였다.

나. 국회의원 ○○○ 등 정개특위의 □□당 소속 위원 7명은 2019. 8. 26. 공직선거법 개정안(심상정 의원안)을 포함한 4건의 공직선거법 일부개정법률안들(나머지 3건은 박주현 의원 대표발의 의안번호 제2002832호, 정유섭 의원 대표발의 의안번호 제2019221호, 정운천 의원 대표발의 의안번호 제2020809호)에 대하여 안건조정위원회의 구성을 요구하였다.

다. 국회 정치개혁특별위원회 안건조정위원회(이하 '이 사건 안건조정위원회'라 한다)는 2019. 8. 27. 국회의원 ○○○을 포함한 6명의 조정위원으로 구성되었는데, 정개특위의 위원장과 간사들 사이에 특별한 안건조정위원회의 활동기한에 대한 합의는 없었다.

라. 제370회 국회(임시회) 정개특위 제1차 안건조정위원회는 2019. 8. 27. 14:20경 개회되었다. 이 회의에서 △△당 소속 ●●●위원이 위원장으로 선출되었고, 회의는 14:36경 중지되어 이후 속개되지 않았다. 이후 □□당 소속 조정위원 중 국회의원 ◇◇◇은 국회의원 ◆◆◆으로 개선되었다.

마. 국회 정치개혁특별위원회 안건조정위원회 위원장은 2019. 8. 28. 10:11경 제370회 국회(임시회 · 폐회중) 정개특위 제2차 안건조정위원회를 개회하였으며, 조정위원들의 이견이 없음을 확인하고 10:14경부터 16:12경까지 비공개로 회의를 진행하여 공직선거법 개정안(심상정 의원안)만을 원안 그대로 의결하는 형식으로 조정안의 가결을 선포하였다. 이 회의에는 ○○○, ◆◆◆을 포함한 6인의 조정위원들이 모두 출석하였고, 위 나. 항 기재 4건의 법률안들이 조정대상 안건으로 상정되었으며, 의결은 거수표결에 의하였다.

바. 국회 정치개혁특별위원회 위원장은 2019. 8. 29. 10:09경 제370
　　회 국회(임시회 · 폐회중) 정개특위 제16차 전체회의를 개회하였고,
　　위 안건조정위원회에서 조정안으로 의결된 공직선거법 개정안(심상
　　정 의원안)을 원안 그대로 위원회 심사 법률안으로 상정하여 11:03
　　경 표결을 실시한 후, 가결을 선포하였다.

　참고로 국회입법조사처 발간 자료에 의하면, 제19대 내지 제21
대 국회에서 안건조정위원회 구성 및 의결 현황은 다음과 같다.[33]

|표 5| 안건조정위 구성 요구 및 의결현황*

(단위: 회)

대수	요구 횟수 (대상안건수)	조정위원 선임			조정위원 미선임
		소계	조정안의결 (의결안건수)	미의결 종료	
제19대	6(30건)**	−	−	−	6
제20대	18(78건)	7	3(30건)	4	11
제21대	26(187건)***	24	23(144건)	1	2
계	50(295건)	31	26(174건)	5	19

주 *: '22. 9. 26.까지 구성 요구된 안건조정위원회 기준
　**: 교섭단체간 합의로 안건조정 요구가 철회된 1회(안건 1개) 포함
　***: 안건 중 20개는 안건조정위 구성 후 조정요구가 철회되어 미심사
※ 자료: 국회선례집(20201), 국회의정자료집(2020), 국회 의사국 등

---

33) 이구형, 국회 안건조정위원회의 운영 현황과 쟁점, 이슈와 논점, 국회입법조
　　사처, 2022.12., 2쪽.

다. 의장의 안건 심사기간 지정사유 엄격화[34]

앞의 국회선진화법 개정 이유에서 밝힌 바와 같이 국회의장의 직권상정제도를 사실상 무력화하기 위해 도입된 방안이 국회의장의 심사기간 지정사유를 엄격하게 제한하는 것이었다. 국회법상 국회의장은 천재지변의 경우, 전시·사변 또는 이에 준하는 국가비상사태의 경우, 의장이 각 교섭단체 대표의원과 합의하는 경우 중 어느 하나에 해당하는 경우에만 위원회에 회부하는 안건 또는 회부된 안건에 대하여 심사기간을 지정할 수 있고(국회법 제85조 제1항), 위원회가 이유 없이 그 기간 내에 심사를 마치지 아니한 때에는 국회의장은 중간보고를 들은 후 다른 위원회에 회부하거나 바로 본회의에 부의할 수 있다(동법 제85조 제2항).

국회의장의 심사기간 지정은 국회의 수장이 국회의 비상적인 헌법적 장애상태를 회복하기 위하여 가지는 권한으로 국회의장의 의사정리권에 속하고, 의안 심사에 관하여 위원회 중심주의를 채택하고 있는 우리 국회에서는 비상적·예외적 의사절차에 해당한다. 따

---

34) 국회법 제85조(심사기간) ① 의장은 다음 각 호의 어느 하나에 해당하는 경우에는 위원회에 회부하는 안건 또는 회부된 안건에 대하여 심사기간을 지정할 수 있다. 이 경우 제1호 또는 제2호에 해당할 때에는 의장이 각 교섭단체 대표의원과 협의하여 해당 호와 관련된 안건에 대해서만 심사기간을 지정할 수 있다.
   1. 천재지변의 경우
   2. 전시·사변 또는 이에 준하는 국가비상사태의 경우
   3. 의장이 각 교섭단체 대표의원과 합의하는 경우
   ② 제1항의 경우 위원회가 이유 없이 지정된 심사기간 내에 심사를 마치지 아니하였을 때에는 의장은 중간보고를 들은 후 다른 위원회에 회부하거나 바로 본회의에 부의할 수 있다.

라서 국회의장의 직권상정이 국회 입법절차에서 차지하는 비중이
과거에 비해 상당히 줄어든 것이 현실이다.

참고로 국회사무처가 발간한 국회 선례집(2021) 자료에 의하면,
2012년 5월 30일 심사기간 지정 요건이 강화된 이후 본회의에 부
의한 예는 아래와 같다.35)

○ **국가비상사태에 해당하여 의장이 각 교섭단체대표의원과 협
  의 후 심사기간을 지정한 예**

　　2016년 2월 23일 제19대 국회 제340회 임시회 중 의장이
　　정보위원회에 계류 중인 「국민보호와 공공안전을 위한 테러
　　방지법안」에 대하여 동일 13시 30분까지 심사보고하도록 심
　　사기간을 지정하였으나 동 위원회가 그 기간 내에 심사를 완
　　료하지 못하여 의장은 동일 정보위원장으로부터 중간보고를
　　받은 후 동일 제340회 임시회 제7차 본회의에 부의하였다.

○ **의장이 각 교섭단체대표의원과 합의 후 심사기간을 지정한 예**

　　(1) 2014년 12월 2일 제19대 국회 제329회 정기회 회기중
　　　　안전행정위원회에 계류 중인 「지방교부세법 일부개정법
　　　　률안」에 대하여 동일 18시까지 심사보고하도록 심사기
　　　　간을 지정하였으나 동 위원회가 그 기간 내에 심사를 완
　　　　료하지 못하여 의장은 안전행정위원장으로부터 구두보
　　　　고를 받은 후 동일 제329회 정기회 제13차 본회의에 부
　　　　의하였다.

　　(2) 2015년 12월 2일 제19대 국회 제337회 정기회 회기중

---

35) 국회사무처, 국회선례집(2021), 536-537쪽.

교육문화체육관광위원회에 계류 중인 「관광진흥법 일부
개정법률안」에 대하여 동일 23시 30분까지 심사기간을
지정하였으나 동 위원회가 그 기간 내에 심사를 완료하
지 못하여 의장은 교육문화체육관광위원장으로부터 구
두보고를 받은 후 동년 12월 3일 제337회 정기회 제14
차 본회의에 부의하였다.

라. 의안자동상정 간주제도[36)]

의안자동상정 간주제도는 국회의장의 심사기간 지정사유를 엄격
히 제한하는 대신 본회의에서 무제한 토론제도(국회법 제106조의2)
등의 합법적인 의사저지수단을 도입하고 안건신속처리제도(동법 제
85조의2)와 예산안 및 예산부수법안의 본회의 자동부의제도(동법 제
85조의3), 법제사법위원회 체계·자구 심사 지연 법률안의 본회의
자동부의제도(동법 제86조 제2, 3, 4항) 등의 직권상정제도를 대체할
의사촉진수단으로 새로 도입된 것이다. 이는 국회선진화법이 민주
적이고 효율적인 국회를 구현하기 위한 목적으로 앞서 언급한 여
러 제도들을 유기적으로 도입한 결과물이다.

---

36) 국회법 제59조의2(의안 등의 자동 상정) 위원회에 회부되어 상정되지 아니
한 의안(예산안, 기금운용계획안 및 임대형 민자사업 한도액안은 제외한다)
및 청원은 제59조 각 호의 구분에 따른 기간이 지난 후 30일이 지난 날(청
원의 경우에는 위원회에 회부된 후 30일이 지난 날) 이후 처음으로 개회하
는 위원회에 상정된 것으로 본다. 다만, 위원장이 간사와 합의하는 경우에는
그러하지 아니하다.

　과거 국회에서는 법률안의 위원회 상정을 둘러싸고 여야 간의 알력이 심했다. 여야는 상황에 따라 상대방에게 유리한 법률안이나 자신들에게 불리한 법률안을 저지하기 위해 법률안의 위원회 상정 자체를 막았다. 국회의장의 직권상정을 엄격히 제한하면서 동시에 이와 같은 폐단을 사전에 차단하기 위해 의안자동상정 간주제도를 마련하였다. 위원회에 회부되어 상정되지 않은 의안은 의안의 상정을 위한 숙려기간이 지난 후 30일이 지난 날 이후 처음으로 개회하는 위원회에 상정된 것으로 간주된다(국회법 제59조의2 본문). 다만 위원장이 간사와 합의하는 경우에는 의안자동상정 간주 효과를 배제할 수 있다(동법 제59조의2 단서).

　한편, 의안자동상정제는 안건신속처리제 등과 달리 별도의 의결절차 없이 모든 법안에 적용된다. 국회사무처 연구 결과, 의안자동상정제는 위원회에 회부된 법안의 상정기간을 평균 40여 일 단축한 것으로 나타났다. 구체적으로, 제18대 국회의 경우 전체 법안의 위원회 상정에 소요된 기간은 평균 155.8일이었는데, 제19대 국회에서는 평균 39.6일 단축된 116.2일이었다. 또한 위원회 상정기간 단축효과는 정부안보다 의원안의 경우에 더 큰 것으로 나타났는데, 제19대 국회에서 의원안의 위원회 상정기간은 평균 52.4일 단축되어서 117.4일이었고, 정부안의 상정기간은 32일 단축되어서 평균 100.5일이었다.[37]

---

37) 전진영, 국회입법조사처, 국회 의사절차 개혁과 입법기간의 변화: 제18대 국회와 제19대 국회 비교, 국회입법조사처, 2022.12., 6쪽.

|표 6| 법안의 위원회 상정 소요기간

(단위: 일)

구분 제안자	제18대 국회			제19대 국회			평균 증감
	법안 수	평균	표준 편차	법안 수	평균	표준 편차	
정부	1,581	132.5	140.6	1,060	100.5	78.1	-32.0
의원	9,163	159.8	168.7	13,917	117.4	109.8	-52.4
위원회	-			-			-
전체	10,744	155.8	165.2	14,977	116.2	108.0	-39.6

3. 법제사법위원회 체계·자구 심사[38]

법제사법위원회는 법무부 소관에 속하는 사항 등 소관 사항 외에 각 위원회의 법률안에 대하여 체계와 자구의 심사에 관한 사항

---

38) 국회법 제86조(체계·자구의 심사) ① 위원회에서 법률안의 심사를 마치거나 입안을 하였을 때에는 법제사법위원회에 회부하여 체계와 자구에 대한 심사를 거쳐야 한다. 이 경우 법제사법위원회 위원장은 간사와 협의하여 심사에서 제안자의 취지 설명과 토론을 생략할 수 있다.
② (생 략)
③ 법제사법위원회가 제1항에 따라 회부된 법률안에 대하여 이유 없이 회부된 날부터 60일 이내에 심사를 마치지 아니하였을 때에는 심사대상 법률안의 소관 위원회 위원장은 간사와 협의하여 이의가 없는 경우에는 의장에게 그 법률안의 본회의 부의를 서면으로 요구한다. 다만, 이의가 있는 경우에는 그 법률안에 대한 본회의 부의 요구 여부를 무기명투표로 표결하되, 해당 위원회 재적위원 5분의 3 이상의 찬성으로 의결한다.
④ (생 략)
⑤ 법제사법위원회는 제1항에 따라 회부된 법률안에 대하여 체계와 자구의 심사 범위를 벗어나 심사하여서는 아니 된다.

을 담당하고 있다. '체계 심사'는 법안 내용의 위헌 여부, 다른 관련 법률과 저촉되는지 여부, 자체조항 간의 모순 유무를 심사하면서 법률형식을 정비하는 것이며, '자구 심사'란 법규의 정확성, 용어의 적합성과 통일성 등을 심사하여 각 법률 간 용어의 통일을 기함으로써 법률용어를 정비하는 것이다.

그런데 이 체계·자구 심사 시 단순히 법안의 체계·자구의 범위를 벗어나서 소관 위원회가 의결한 법률안 '내용'을 수정하는 경우가 종종 발생했다. 그때마다 법제사법위원회와 소관 위원회 간 갈등이 불거지면서 법제사법위원회가 법률안 전반에 대해 제2심을 행하는 것이라는 소위 월권(越權) 논란이 제기되어 왔다.

이에 2021년 9월 국회법 개정을 통해 법사위의 체계·자구 심사 기간을 기존 120일에서 60일로 단축하고, 법제사법위원회 심의가 체계·자구 심사 범위를 벗어나서는 안 된다는 내용을 추가하였다. 그러나 체계심사가 헌법합치성 심사를 포함하는 것으로 해석할 경우 법률안 내용 수정이 이루어질 가능성을 배제하기 어렵다.

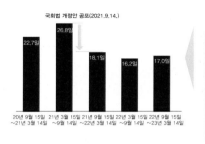

체계자구심사 회부 기간별 평균 법안처리 소요일 수

국회법 개정안 공포(2021.9.14.)

[분석 대상 체계자구심사 회부 및 처리 법안 수]*

처리기간	합계	회부기간				
		20.9.15~21.3.14	21.3.15~9.14	21.9.15~22.3.14	22.3.15~9.14	22.9.15~23.3.14
합계	774	332	214	133	88	7
20.9.15~21.3.14	242	242	0	0	0	0
21.3.15~9.14	275	88	187	0	0	0
21.9.15~22.3.14	160	2	27	131	0	0
22.3.15~9.14	78	0	0	2	76	0
22.9.15~23.3.14	19	0	0	0	12	7

* 의안정보시스템상 회부 및 처리일의 오류 입력 건을 제외한 원안 법안 기준임.

　법제사법위원회 체계·자구 심사 시 내용 심사를 배제하더라도 법률안 입법 과정이 지연될 우려가 있다. 법제사법위원회는 법안심사제1소위원회와 법안심사제2소위원회를 두고 있으며, 제1소위에서는 법제사법위원회의 고유 법률안을 심사하고, 제2소위에서는 다른 위원회 소관 법률안을 심사하는데, 법제사법위원회 전체회의에서 한 명이라도 이의를 제기하면 제2소위로 회부하는 것이 관행화된 상태이다.[39] 제2소위에서는 위원 간 합의점이 도출될 때까지 계류되고 어떤 경우에는 법제사법위원회 단계에서 임기만료로 폐기되는 경우도 있다.

　이처럼 법제사법위원회 체계·자구 심사 절차는 법률안 입법과정에서 반대의견을 제기할 수 있는 지점으로 작용하기도 한다.

---

39) 국회 정치개혁 특별위원회, "법사위 체계·자구 심사 제도에 관한 공청회 자료집", 2022.9.29., 13쪽.

2016년 6월 국회에서 세월호 참사 구조활동으로 피해를 본 민간 잠수사에 대한 보상을 담은 법안이 발의됐고, 소관 위원회인 농해수위에서 활발한 논의 끝에 1년 9개월만에 통과됐지만, 2018년 3월 열린 법사위에서 문제제기를 하여 800일 넘게 계류되다가 20대 국회 마지막 본회의에서 통과된 바 있다. 체계·자구 이외의 사항이 문제됐던 사례지만, 법제사법위원회에서 입법 절차가 지연될 수 있음을 보여준다.

일반적으로 법제사법위원회는 지역구 선거에 크게 도움이 되지 않아 비인기 상임위원회로 평가된다. 그러나 소관 상임위원회 심사를 마친 법률안은 본회의에 부의되기 전에 체계·자구 심사를 반드시 거쳐야 하며, 정부 또는 다수당을 견제하는 역할을 할 수 있어 법제사법위원회의 권한이 크다고 할 수 있다. 국회 원내교섭단체들은 법사위원장직을 서로 차지하고자 하고 있으며, 관행상 야당이 맡아야 하는지 국회 제2당이 맡아야 하는지 논란이 있다.40)

---

40) 법제사법위원회 위원장은 김영삼 정부까지는 여당 출신이 맡았으며, 김대중 정부 때부터 정부·여당 견제를 명분으로 야당이 맡게 되었으나, 제20대 국회에서는 여당이 법사위원장을 맡았다. 제21대 국회 전반기 법사위원장은 야당에서 맡았으며, 후반기 법사위원장은 여당에서 맡고 있다.

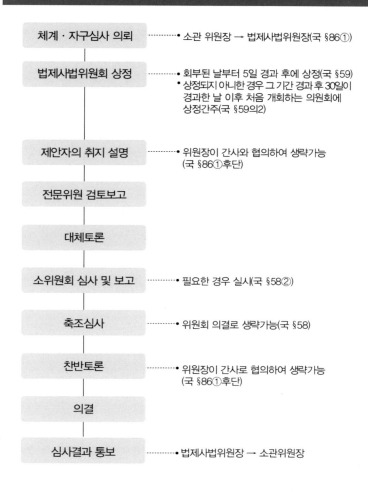

법제사법위원회 체계 · 자구 심사 절차도

체계 · 자구심사 의뢰 ·········· • 소관 위원장 → 법제사법위원장(국 §86①)

법제사법위원회 상정 ·········· • 회부된 날부터 5일 경과 후에 상정(국 §59)
• 상정되지 아니한 경우 그 기간 경과 후 30일이
  경과한 날 이후 처음 개회하는 위원회에
  상정간주(국 §59의2)

제안자의 취지 설명 ·········· • 위원장이 간사와 협의하여 생략가능
(국 §86①후단)

전문위원 검토보고

대체토론

소위원회 심사 및 보고 ·········· • 필요한 경우 실시(국 §58②)

축조심사 ·········· • 위원회 의결로 생략가능(국 §58)

찬반토론 ·········· • 위원장이 간사로 협의하여 생략가능
(국 §86①후단)

의결

심사결과 통보 ·········· • 법제사법위원장 → 소관위원장

4. 전원위원회 심사[41]

국회 전원위원회는 법률안 등 안건을 본회의에서 처리하게 앞서 의원 전체가 모여 심의하는 제도이다. 1948년 국회법 제정 때 도입됐다가 1960년 삭제됐고, 2000년 2월 16대 국회 당시 '일하는 국회'를 표방한 국회법 개정으로 재도입됐다.[42] 국회법 제63조의2 는 전원위원회 심의 안건으로 "정부 조직에 관한 법률안, 조세 또는 국민에게 부담을 주는 법률안 등"으로 규정하고 있는데, 사실상 모든 법률안이 대상이 될 수 있다. 본회의 상정 전이나 상정 후에 전원위원회 안건으로 회부할 수 있으며, 재적의원 4분의 1 이상이 요구하여야 한다. 다만, 의장은 교섭단체 대표의원의 동의를 얻어 개최하지 않을 수 있다.

의원 전원이 참석한다는 점에서 본회의와 같지만, 본회의에서는 의안을 확정하는 반면 전원위원회는 상임위원회 등을 거친 의안에 대한 수정안을 의결할 권한을 갖는다. 전원위원회에서 수정안이 의결되는 경우에도 원안이 폐기되는 것은 아니고 수정안과 원안이 함께 본회의에 제출되며 수정안에 대한 가부를 먼저 묻게 된다.

---

41) 국회법 제63조의2(전원위원회) ① 국회는 위원회의 심사를 거치거나 위원회가 제안한 의안 중 정부조직에 관한 법률안, 조세 또는 국민에게 부담을 주는 법률안 등 주요 의안의 본회의 상정 전이나 본회의 상정 후에 할 때에는 그 심사를 위하여 의원 전원으로 구성되는 전원위원회(全院委員會)를 개회할 수 있다. 다만, 의장은 주요 의안의 심의 등 필요하다고 인정하는 경우 각 교섭단체 대표의원의 동의를 받아 전원위원회를 개회하지 아니할 수 있다.

42) 국회 법률안 심사가 20명 안팎의 상임위 중심으로 이뤄져 본회의에선 법안 내용을 구체적으로 모르는 의원들이 상임위 의견을 존중하거나 당론에 따라 이를 그대로 추인하는 맹점을 보완하기 위해 도입됐다.

 전원위원회는 2000년 재도입된 이후 2003년 이라크전 파병 동의
안 문제를 논의하기 위해 개최된 바 있다. 이후 20년 만인 2023년
4월 10일부터 13일까지 선거제도 개편 논의를 위해 개최되었다.

Ⅳ 본회의 심의 의결 및 정부 이송

법안이 어렵게 상임위를 통과하고 법제사법위원회도 통과했다. 그동안 지나온 시간과 힘든 과정들을 생각하면 눈물이 난다. 해당 상임위를 통과하고 법제사법위원회를 통과하면 사실상 법안이 통과된 것이나 다름없다는 말도 들리고, 다른 한편으로는 아직 방심하기에는 이르다는 얘기도 들린다. 법안 통과를 위해 A 회장이 더 할 수 있는 일들이 있을까?

법률안이 해당 상임위원회와 법제사법위원회 체계·자구 심사를 통과하면 대부분의 경우 본회의를 통과할 가능성이 매우 높다. 그러나 간혹 본회의에서 수정안이 가결되는 경우도 있고, 적지만 부결의 경우도 있다. 그리고 국회를 통과하고 난 이후 대통령의 거부권 행사도 남아 있어 이하 자세히 살펴본다.

1. 본회의 심의 의결

가. 개관

본회의는 국회의 의사를 최종적으로 결정하는 절차로서 재적의원 전원으로 구성된다. 재적의원 5분의 1 이상의 출석으로 개의되며(국회법 제73조 제1항), 헌법 또는 국회법에 특별한 규정이 없는 한 재적의원 과반수의 출석과 출석의원 과반수의 찬성으로 의결한다. 본회의에서는 의안에 대한 심의와 함께 대통령의 예산안 시정연설, 각 교섭단체의 대표연설 및 대정부질문 등 국정 전반에 대한 토론의 장으로서 역할을 하고 있다.

본회의에 상정된 법률안은 소관 위원회 위원장의 심사보고, 질의, 토론 및 표결의 순으로 처리된다.

나. 본회의 무제한 토론(필리버스터)43)

국회 본회의는 '무제한 토론', 이른바 필리버스터(Filibuster) 제도를 두고 있다. 국회에서 다수당이 수적 우세를 이용해 법률안 등을 통과시키는 상황을 막기 위해 소수당이 법률이 정한 범위 내에서 의사의 진행을 방해하는 행위이다.

본회의에 부의된 안건에 대하여 무제한 토론을 하려는 의원은 재적의원 3분의 1 이상이 서명한 요구서를 의장에게 제출해야 하고, 의장은 해당 안건에 대하여 무제한 토론을 실시하여야 한다. 이 경우 의원 1인당 1회에 한정하여 토론할 수 있고, 토론할 의원이 더 이상 없거나 재적의원 3분의 1 이상이 무제한 토론의 종결을 원하고 무기명 투표로 재적의원 5분의 3 이상이 종결에 찬성할 경우에 무제한 토론이 마무리된다.

2016년 2월 23일 오후 7시 7분부터 3월 2일 오후 7시 32분까지 테러방지법 통과 저지를 위한 필리버스터가 192시간 넘게 진행된 바 있다. 2020년 12월 9일부터 14일까지 공수처법 개정안, 국정원법 개정안, 남북교류협력법 개정안에 반대하는 필리버스터가 연이

---

43) 국회법 제106조의2(무제한토론의 실시 등) ① 의원이 본회의에 부의된 안건에 대하여 이 법의 다른 규정에도 불구하고 시간의 제한을 받지 아니하는 토론(이하 이 조에서 "무제한토론"이라 한다)을 하려는 경우에는 재적의원 3분의 1 이상이 서명한 요구서를 의장에게 제출하여야 한다. 이 경우 의장은 해당 안건에 대하여 무제한토론을 실시하여야 한다.

어 진행되었으며, 이때 국민의힘 윤희숙 의원은 12시간 47분 동안 토론에 임하여 기존 무제한 토론 최장 시간이었던 더불어민주당 이종걸 의원의 12시간 31분을 경신하였다.

무제한 토론은 해당 회기가 끝나면 자동으로 종료가 되며, 다음 회기에서 해당 안건을 표결해야 한다(국회법 제106조의2 제8항).[44] 이에 따라 다수당은 회기를 나누어 의안을 처리하는 이른바 '회기 쪼개기' 방식으로 소수당의 무제한 토론을 사실상 제한할 수 있으며 소수당은 무제한 토론으로 표결을 잠시 지연시키는 효과만을 얻을 수 있다. 실제로 2022년 4월 27일 오후 5시 국회 본회의에 검찰 수사권에 관한 검찰청법 개정안이 상정되었고 이에 반대하는 필리버스터가 진행되었으나, 다음날 0시 회기가 종료됨에 따라 필리버스터도 종료되었고 3일 뒤인 4월 30일 본회의에서 가결되었다. 4월 30일 수사권 분리에 관한 형사소송법 개정안이 상정되었는데 이에 반대하는 필리버스터도 다음날 0시 종료되었고 5월 3일 가결된 바 있다.

다. 안건 수정 동의[45]

국회의원은 국회 본회의의 심사대상이 된 법률안에 대하여 30명 이상의 찬성 의원과 연서하여 수정동의안을 제출할 수 있으며, 이

---

44) 국회법 제106조의2 ⑧ 무제한토론을 실시하는 중에 해당 회기가 끝나는 경우에는 무제한토론의 종결이 선포된 것으로 본다. 이 경우 해당 안건은 바로 다음 회기에서 지체 없이 표결하여야 한다.

45) 국회법 제95조(수정동의) ① 의안에 대한 수정동의(修正動議)는 그 안을 갖추고 이유를 붙여 30명 이상의 찬성 의원과 연서하여 미리 의장에게 제출하여야 한다. 다만, 예산안에 대한 수정동의는 의원 50명 이상의 찬성이 있어야 한다

는 의안 심의의 효율성을 제고하기 위한 것이다. 법률안은 입법과정에서 다른 법률안과의 절충 및 짜깁기로 변경될 수 있는데, 본회의 논의 과정에서도 수정동의를 통해 변경이 가능하다는 점을 고려하여 국회 본회의 최종 의결까지 상황을 예의주시할 필요가 있다.

2010년 제95조 제5항이 신설된 이후 수정동의안과 원안 간 관련성이 종종 문제된다. 2022년 4월 본회의에서 검찰청법 개정안에 대한 논의 도중 검찰청법 수정안과 형사소송법 수정안이 제출되었고 각 수정안이 의결되었는데, 권한쟁의심판에서 위 각 수정안은 원안과 직접관련성을 인정할 수 있는 적법한 수정동의라고 결정된 바 있다.

라. 본회의 부결

본회의에 상정된 법률안은 소관 상임위원회와 법제사법위원회 논의를 거쳤으므로 대체로 통과될 가능성이 높다. 그러나 간혹 본회의 표결에서 부결되는 경우가 있다.

인터넷전문은행 대주주 적격성 심사 때 결격 사유에 해당하는 공정거래법 위반 요건을 일부 완화하는 내용의 인터넷전문은행 설립 및 운영에 관한 특례법(인터넷은행법) 개정안이 2020년 3월 5일 국회 본회의에 상정되었으나, 일부 기업에 특혜가 될 수 있고 금산분리 원칙에 훼손된다는 비판이 있어, 재석 184명 중 찬성 75명, 반대 82명, 기권 27명으로 부결됐다. 이후 논의를 거쳐 상임위원회안으로 4월 29일 다시 상정되었고 재석 209명 중 찬성 163명, 반대와 기권 각 23명으로 가결되었다.

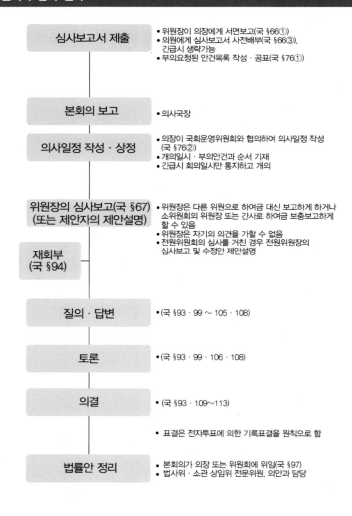

본회의 심의 절차도

심사보고서 제출
- 위원장이 의장에게 서면보고(국 §66①)
- 의원에게 심사보고서 사전배부(국 §66③), 긴급시 생략가능
- 부의요청된 안건목록 작성 · 공표(국 §76①)

본회의 보고
- 의사국장

의사일정 작성 · 상정
- 의장이 국회운영위원회와 협의하여 의사일정 작성 (국 §76②)
- 개의일시 · 부의안건과 순서 기재
- 긴급시 회의일시만 통지하고 개의

위원장의 심사보고(국 §67) (또는 제안자의 제안설명)
- 위원장은 다른 위원으로 하여금 대신 보고하게 하거나 소위원회의 위원장 또는 간사로 하여금 보충보고하게 할 수 있음
- 위원장은 자기의 의견을 가할 수 없음
- 전원위원회의 심사를 거친 경우 전원위원장의 심사보고 및 수정안 제안설명

재회부 (국 §94)

질의 · 답변
- (국 §93 · 99 ~ 105 · 108)

토론
- (국 §93 · 99 · 106 · 108)

의결
- (국 §93 · 109~113)
- 표결은 전자투표에 의한 기록표결을 원칙으로 함

법률안 정리
- 본회의가 의장 또는 위원회에 위임(국 §97)
- 법사위 · 소관 상임위 전문위원, 의안과 담당

2. 정부 이송 및 공포

가. 개관

본회의에서 의결된 의안은 조항·자구·숫자 등을 정리한 후 정부로 이송되며, 이송된 법률안은 15일 이내에 대통령이 공포한다(대한민국헌법 제53조 제1항). 일반적으로 법률공포안은 국무회의에 상정되며 국무회의 의결과 대통령 결재를 거쳐 공포된다. 법률은 특별한 규정이 없는 한 공포한 날로부터 20일을 경과함으로써 효력을 발생하며(대한민국헌법 제53조 제7항), 대통령이 국회에서 이송되어 온 법률안을 15일 이내에 공포하지 않거나 재의의 요구를 하지 않은 때에는 그 법률안은 법률로 확정된다(대한민국헌법 제53조 제5항).

나. 대통령의 법률안 재의요구권(거부권)

대통령은 법률안에 이의가 있을 때에는 15일 이내에 이의서를 붙여 국회로 환부하고 그 재의를 요구할 수 있다(대한민국헌법 제53조 제2항). 이를 대통령의 재의요구권, 이른바 '법률안 거부권'이라고 한다. 대통령으로부터 재의가 요구된 법률안은 무기명투표로 표결하며(국회법 제112조 제5항), 본회의에서 재적의원 과반수의 출석과 출석의원 3분의 2 이상의 찬성으로 전과 같은 의결을 하면 그 법률안은 법률로서 확정된다(대한민국헌법 제53조 제4항). 재의요구권은 이와 같이 가중정족수를 적용하고 있어 사실상 재의결이 이루어지기는 어렵다.

|표 7| 역대 대통령의 거부권(재의요구권) 행사

대통령	재의 요구	법률 확정			폐기	
		재의결	수정 의결	철회	부결	임기만료
이승만	45	31			14	
		24	6	1	9	5
박정희	5	1			4	
				1	1	3
노태우	7	—			7	
					4	3
노무현	6	1			5	
		1			2	3
이명박	1	—			1	
						1
박근혜	2	—			2	
						2
합계	66	33			33	
		25	6	2	16	17

자료: 국회사무처,『2020 의정자료집』, 576－584쪽에서 대통령 임기를 기준으로 재구성

이승만 초대 대통령 이후 문재인 대통령까지 총 12인의 대통령 중에서 이승만·박정희·노태우·노무현·이명박·박근혜 등 6인의 대통령이 총 66차례 거부권을 행사하였다. 현행 제6공화국 헌정체제에서는 대통령거부권이 총 16차례 행사되었는데, 노태우 대통령 7건, 노무현 대통령 6건, 이명박 대통령 1건, 박근혜 대통령 2건 등이다.

이번 정부에서는 2023년 3월 23일 국회 본회의에서 의결된 양

곡관리법 개정안에 대하여 4월 4일 재의요구권을 행사하였고,
2023년 4월 27일 의결된 간호법 제정안에 대하여 5월 16일 재의
요구권을 행사하였다. 위 간호법 개정안에 대해서는 5월 30일 국
회 본회의에서 재투표가 이루어졌으나 부결되었다.

부 록

부록 1.
국회의원실 보좌직원 구성

　국회의원실에는 국회의원을 보좌하는 보좌직원들이 있다. 국회의원 보좌직원 및 수당에 관한 법률에 따르면 4급 보좌관 2명, 5급 선임비서관 2명을 포함 8명의 보좌직원이 있고, 여기에 인턴 1명까지 포함하면 보좌직원의 수가 적지는 않다.

■ 국회의원의 보좌직원과 수당 등에 관한 법률 [별표 1]

보좌직원의 정원

보좌직원	정원
보좌관(4급상당 별정직국가공무원)	2명
선임비서관(5급상당 별정직국가공무원)	2명
비서관(6급상당 별정직국가공무원)	1명
비서관(7급상당 별정직국가공무원)	1명
비서관(8급상당 별정직국가공무원)	1명
비서관(9급상당 별정직국가공무원)	1명

국회의원실은 300개의 서로 다른 의원실이 있다고 할 정도로 각양 각색이다. 의원의 전직 직업이나 성정에 따라 다르고, 여당이냐 야당 이냐, 지역구·비례대표, 수도권·지방 등에 따라 조금씩 다르다.

그러나 일반적으로는 국회의원과 보좌직원의 관계에 따라 의원 실 분위기는 상당히 다르며, 이 기준으로 보면 의원 중심과 보좌직 원 중심의 양 극단이 있고 대부분의 의원실은 그 중간 어디쯤에 있 다고 보면 된다.

의원 중심은 모든 의사 결정을 하나하나 직접 보고하고 결정을 받아 진행되며 흔하지 않은 경우이지만 어떤 의원실은 국정감사 질의서도 보좌진이 쓰지 않고 의원이 직접 질의서 작성 또는 현장 질의하는 의원실도 있었다. 보좌진 중심의 방은 의원 권한의 많은 부분이 보좌진에게 위임되어 있다. 국회 법률안 공동 발의와 관련 하여 일일이 보고하지 않고 중요한 법안의 경우만 보고하는 경우 도 있고 심지어 어떤 의원실은 대표발의도 보좌진이 어느 정도 자 율적으로 하는 경우도 있다.

나아가 보좌직원들 간 관계도 의원실마다 다르다. 1명의 보좌관이 전체 의원실 업무를 총괄하는 경우도 있고, 2명의 보좌관 간에 또는 선임비서관을 포함해서 역할 분담이 이루어져 있는 경우도 있다.

특히 입법과 관련해서는 해당 사안의 정책이나 입법 활동 보좌 를 누가 담당하는지 정확하게 파악하는 것이 필요하다. 보좌관과 한참 얘기했는데 실제 담당자는 선임비서관인 경우도 있다.

부록 2.
국회 상임위원회 구성

교재 본문에서 설명한 바와 같이 국회에는 국회운영위원회 등 17개의 상임위원회가 있으며, 각 상임위원회는 위원장, 여야 간사 및 위원으로 구성되어 있다.

국회법[1]에 따르면 위원장은 위원회를 대표하고 의사를 정리하며, 간사와 협의하여 위원회의 의사일정을 정하기 때문에 상임위원회 운영과 관련하여 그 권한이 막강하다.

그리고 간사 역할과 관련 위원장은 의사 일정을 간사와 협의해야 하며, 위원장의 사고 또는 궐위 시에는 간사가 위원장 직무를 대신하도록 되어 있어 간사 위원의 역할도 중요하다.

또한 법안 심사와 관련 소위원회의 역할이 매우 중요한데, 보통

---

1) 국회법 제49조(위원장의 직무) ① 위원장은 위원회를 대표하고 의사를 정리하며, 질서를 유지하고 사무를 감독한다.
　② 위원장은 위원회의 의사일정과 개회일시를 간사와 협의하여 정한다.

의 경우 소위원회 위원장을 여야 간사가 맡고 있어 간사 위원의 역할은 더욱 중요하다고 볼 수 있다.

　참고로 21대 국회 후반기 각 상임위원회 위원 구성 현황을 첨부한다.

21대 국회 상임위원회 위원 명단 표

2023년 8월 17일 현재

21대 국회 후반기 상임위원회 위원 명단

△ 간사

구분 \ 위원회 (18개) 현원/정원 위원장	국회의장 28/28 윤재옥 (국민의힘)	법제사법 18/18 김도읍 (국민의힘)	정무 24/24 백혜련 (더불어민주당)	기획재정 26/26 윤영석 (국민의힘)	교육 16/16 김철민 (더불어민주당)	과학기술정보 방송통신 20/20 정청래 (국민의힘)	외교통일 21/21 김태호 (국민의힘)	국방 17/17 한기호 (국민의힘)	행정안전 22/22 김교흥 (더불어민주당)	문화체육관광 16/16 홍익표 (더불어민주당)	농림축산식품 해양수산 19/19 소병훈 (더불어민주당)	산업통상자원 중소벤처기업 30/30 김한정 (더불어민주당)	보건복지 24/24 고영인 (더불어민주당)	환경노동 16/16 박정 (더불어민주당)	국토교통 29/30 최인호 (더불어민주당)	정보 12/12 박덕흠 (국민의힘)	여성가족 17/17 권인숙 (더불어민주당)	예산결산특별 50/50 서삼석 (더불어민주당)
더불어민주당 (168인, 56.376%)	(16)	(10)	(14)	(15)	(9)	(11)	(13)	(7)	(11)	(5)	(7)	(16)	(14)	(9)	(17)	(7)	(10)	(28)
국민의힘 (112인, 37.584%)	(11)	(7)	(8)	(10)	(6)	(7)	(8)	(7)	(9)	(2)	(7)	(12)	(9)	(6)	(11)	(5)	(6)	(19)
어느 교섭단체에도 속하지 아니하는 의원 (18인, 6.040%)	(1)	(1)	(2)	(1)	(1)	(2)	(0)	(1)	(2)	(0)	(2)	(2)	(1)	(1)	(1)	(0)	(1)	(3)

부록 3.
빅데이터 분석을 통한
국회 입법예측 분석 시스템 소개

입법예측시스템은 SNR이 법무법인(유) 지평 및 한국리서치와 함께 대한민국 국회 의안정보 빅데이터 분석 및 정책여론조사 데이터에 기초하여 정책입법 관련 4개 차원별 영향 요인들을 측정하고, 머신러닝 모델링을 통해 각 영향요인별 적합도와 종합적인 가결반영 예측값을 산출하는 시스템이다.

예측값 결과가 절대적인 것은 아니지만 빅데이터 분석과 여러 가지 조건들을 감안할 경우의 결과치로서 최소한 법안 가결 여부에 대한 하나의 참고 자료가 되지 않을까 기대해 본다.

물론 실제 개별 법안의 통과 여부는 이해 당사자들이 법안 논의 과정에 얼마나 주도적으로 참여해서 법안의 필요성을 설득하는가에 따라 그 최종 결과가 많이 달라질 것이므로 예측값과는 많이 차이가 있을 수 있다.

그럼에도 불구하고 빅데이터 분석을 통한 결과가 주는 정보차원에서의 함의가 있으므로 국회 입법절차 가이드북 출판 기회에 국회를 포함한 많은 독자들의 관심을 기대하면서 아래에서 예측시스템 및 그 결과를 소개하고자 한다.

- □ **분석 목적:**
  정책입법 방향 및 주요 법안의 입법가능성에 대한 기초 예측
  데이터 제공

- □ **분석 대상:**
  21대 국회 임기 3년 간 접수된 법안 총 21,693건(2020.
  5.30~2023.5.29)

- □ **주요 분석 항목:**
  정책, 여론, 제안, 법안처리 관련 영향요인별 적합도 및 입법
  예측도 등

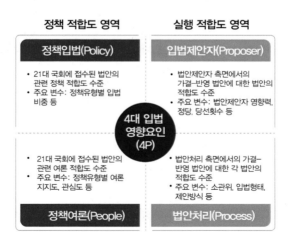

□ **분석 방법:**

AI 비정형 데이터 유사도, 머신러닝 회귀모델 및 SPSS 통계
분석

입법 예측 머신러닝 분석 프로세스

□ **원데이터 출처**

• 대한민국 국회사무처 의안정보시스템(http://likms.assembly.
go.kr)

• SNR, 21대 국회 입법정책 여론조사결과, 2021 & 2023(참조
아래 조사 개요)

[21대 국회 입법정책 여론조사 개요]

- **모집단:** 전국의 만 18세 이상 남녀
- **표집틀:** 한국리서치 마스터샘플(2023년 2월 기준 전국 85만여 명)
- **표집방법:** 지역별, 성별, 연령별 기준 비례할당추출
- **표본크기:** 2000명(2023년) + 1000명(2021년)
- **표본오차:** 95% 신뢰수준 최대허용 표집오차 ±2.2%p('23년) / ±3.1%p('21년)
- **조사방법:** 웹조사
- **조사일시:** 2023년 3월 9일~3월 15일 / 2021년 4월 16일~ 4월 19일
- **조사기관:** 한국리서치
- **의뢰기관:** ㈜스트래티지앤리서치

□ **정책분야별 입법예측 상위 법안(2023. 5. 29 현재 기준)**

1) 산업경제 분야 입법예측 상위 10개 법안

의안번호	법안명	정당	소관위원회	접수일	입법 예측도	영향요인별 적합도(%)			
						경제	여론	개인사	절차
2104695	조세특례제한법 일부개정법률안 (조정식 의원 등 12인)	더불어민주당	기획재정	2020-10-27	73.8	55.1	42.5	22.9	31.9
	주요 내용: 일반연구·인력개발비 세액공제 제도를 당기분과 증가분 방식 중 선택하던 방식으로 공제 방식으로 전환하고 공제율을 각 2%씩 상향함.								
2113184	부가가치세법 일부개정법률안 (고용진 의원 등 10인)	더불어민주당	기획재정	2021-11-08	73.8	64.5	78.4	22.9	31.9
	주요 내용: 면세농산물 등이 제매입세액 공제의 기본공제율을 104 분의 4 로 하고, 규모별 지원 필요성을 고려하여 제조업 중 중소기업의 공제율을 106 분의 6 으로 상향함.								
2101546	법인세법 일부개정법률안 (김정호 의원 등 10인)	더불어민주당	기획재정	2020-07-07	73.8	67.9	77.6	22.9	31.9
	주요 내용: 내국법인 중 유동자금이 많고 사회·경제적 책임이 높다고 할 수 있는 상호출자제한기업집단에 한하여 비과세용 부동산에 대한 추가 양도소득세를 10%에서 30%로 인상함.								
2101958	조세특례제한법 일부개정법률안 (최인호 의원 등 11인)	더불어민주당	기획재정	2020-07-15	73.8	80	88	28.6	31.9
	주요 내용: 소규모 개인사업자에 대한 부가가치세 감면 대상 기준금액을 연매출 3 억원으로, 간이과세자 부가가치세 납부면제 대상 기준금액을 연매출 1 억원으로 각각 상향하는 조세특례를 각각 2021 12 월 31 일까지 연장함.								
2109738	한국은행법 일부개정법률안 (고용진 의원 등 10인)	더불어민주당	기획재정	2021-04-27	73.8	47.8	50.5	22.9	31.9
	주요 내용: 한국은행이 순이익금의 의무 적립 비율을 현행 100 분의 30에서 100 분의 10 으로 하향 조정함.								
2105339	개별소비세법 일부개정법률안 (김수흥 의원 등 10인)	더불어민주당	기획재정	2020-11-13	73.8	67.3	73	40.3	31.9
	주요 내용: 수입승용차 판매 시 개별소비세를 납부하되, 현금 구성 등을 적용하여 판매자가 현금받을 수 있게 함.								
2109352	상속세 및 증여세법 일부개정법률안 (김수흥 의원 등 11인)	더불어민주당	기획재정	2021-04-08	73.8	45	53	25	31.9
	주요 내용: 상속세 및 증여세 납부 시 문화유산 및 미술품의 물납을 허용함.								
2102426	부가가치세법 일부개정법률안 (김수흥 의원 등 10인)	더불어민주당	기획재정	2020-07-28	73.8	87.2	79.9	40.3	31.9
	주요 내용: 부가가치세 조기환급 대상에 인공지능, 수소 경제 등 관련 혁신성장기업을 추가함.								
2111336	전기사업법 일부개정법률안 (박대출 의원 등 43인)	국민의힘	산업통상	2021-07-05	72.6	42.9	36.7	22.6	69
	주요 내용: 전력산업기반기금의 용도에 대한 구정을 삭제하고 대통령령으로 정하던 전력산업과 관련한 중요사업 중 일부의 용도를 직접 사업을 제외한 나머지 사업은 법률로 상향하여 명시함.								
2102301	국세기본법 일부개정법률안 (김경협 의원 등 12인)	더불어민주당	기획재정	2020-07-23	71.2	56.4	51	18.3	31.9
	주요 내용: 근로소득가산금명세서의 미제출 가산세 한도를 미제출 기간에 따라 가산세 한도를 1천만원(대기업은 5 천만원)으로 하향 조정함.								

Note: 본 입법예측도는 21대 국회 법안처리 현황과 정책이슈조사 데이터를 활용한 분석결과이며, 시행에 따른 정책 및 여론 기초의 변동 및 기시적 외부 영향요인 변화에 따라 실제 법안심의 결과와 다를 수 있으며 주기적인 모니터링을 필요로 함. 이에 해석과 활용상 유의를 요함.

2) 보건복지 분야 입법예측 상위 10개 법안

의안번호	법안명	정당	소관위원회	접수일	입법 예측도	영향요인별 척합도(%)			
						정책	여론	제안자	절차
2114756	법인세법 일부개정법률안 (구자근 의원 등 10인)	국민의힘	기획재정	2022-02-11	71.2	42.4	71.8	15.5	31.9
	주요 내용: 노인의 취업지원과 생활체육 촉진 등의 활동을 하는 대한노인회에 대한 기부를 활성화하기 위해 법정기부금의 손금 산입 대상 기관에 대한노인회를 추가함.								
2110718	소득세법 일부개정법률안 (박광온 의원 등 10인)	더불어민주당	기획재정	2021-06-09	70	37.3	31.6	10.4	31.9
	주요 내용: 현행 자녀세액공제액을 자녀 1명당 50만원, 출산 또는 입양에 따른 세액공제의 경우 최대 100만원까지 확대함.								
2114055	국가재정법 일부개정법률안 (윤호중 의원 외 168인)	더불어민주당	기획재정	2021-12-22	70	31.3	33.4	4.2	36.4
	주요 내용: 예방·대비·대응·복구 등 위기관리체계에 따라 국가의 감염병 대응 예산이 지속적으로 적시에 집행되도록 하기 위해 감염병긴급대응기금을 신설함.								
2111344	부담금관리 기본법 일부개정법률안(남인순 의원 등 12인)	더불어민주당	기획재정	2021-07-05	70	62.6	31.5	3.1	31.9
	주요 내용: 비의도적 불순물 생성·혼입 의약품 관련 제조방·제조 비용보상의 재원 마련을 위하여 별도의 "약사법에 따른 의약품 안전사고 비용보상 부담금을 추가함.								
2112615	국민건강보험법 일부개정법률안(정부)	정부/위원장	보건복지	2021-09-16	64.3	66.8	59.6	30.7	26.4
	주요 내용: 국민건강보험 정책을 피보험자가 실제 부담한 의료비만을 지급하는 민간 보험상품에 관한 정책과 연계하여 추진하도록 보건복지부장관과 금융위원회가 필요한 협의·조정하고 실태조사를 할 수 있도록 함.								
2103415	주민등록법 일부개정법률안 (정운천 의원 등 14인)	국민의힘	행정안전	2020-09-01	64.3	58.1	47.1	30.4	15
	주요 내용: 장애인·노인·미성년자의 주민등록표 열람 또는 등·초본 교부에 수수료를 면제할 수 있는 법적 근거를 마련함.								
2102410	감염병의 예방 및 관리에 관한 법률 일부개정법률안(김정재 의원 등 10인)	국민의힘	보건복지	2020-07-27	64.3	60.5	57.7	24	12.1
	주요 내용: 보건복지부장관이 감염병관리위원회의 심의를 거쳐 해당 지역을 감염병 특별관리지역으로 지정하고, 행정적·재정적 지원을 관련 기관에 요청할 수 있도록 함.								
2112921	의료기기법 일부개정법률안(정부)	정부/위원장	보건복지	2021-10-21	64.3	51.3	38.4	30.7	26.4
	주요 내용: 식품의약품안전처장으로부터 임상시험 대상자의 안전에 적절하므로 임상시험을 우려가 적은 임상시험은 임상시험계획 승인 없이 실시할 수 있도록 하는 등 현행 제도를 개선·보완함.								
2108532	가축전염병 예방법 일부개정법률안(김승남 의원 등 10인)	더불어민주당	농림축산	2021-03-04	64.3	39.1	54.5	22.9	18.8
	주요 내용: 구제역, 고병원성 조류인플루엔자 또는 아프리카돼지열병의 발생으로 인한 살처분, 사체의 소각·매몰 비용의 100분의 50 이상을 국가가, 그 나머지는 지방자치단체가 지원하도록 함.								
2100288	재난 및 안전관리 기본법 일부개정법률안(이종배 의원 등 10인)	국민의힘	행정안전	2020-06-09	62.9	43.2	34.3	22.2	15.7
	주요 내용: 식물병해충의 확산을 포함한 국가안전관리기본계획을 수립하도록 하는 외래병해충의 국내유입과 확산을 방지함.								

Note: 본 입법예측도는 21대 국회 본안처리 현황과 청취여론조사 데이터를 활용한 분석결과이며, 시점에 따른 정책 및 여론 기초의 변동 및 가시적 외부 영향요인의 변화에 따라 실제 법안심의의 결과와 다를 수 있으며 주기적인 모니터링을 필요로 함. 이에 해석과 활용상 유의를 요함.

3) 공공개혁 분야 입법예측 상위 10개 법안

의안번호	법안명	정당	소관위원회	접수일	입법 예측도	정책	여론	제안자	절차
						영향요인별 적합도(%)			
2105525	공직기관의 운영에 관한 법률 일부개정법률안(강순식 의원 등 11인) 주요 내용: 사업단위별로 재무상태 및 경영성과에 대한 재무정보를 산출하는 제무회계제도의 근거를 법률에 명시하면서 도매상기관을 모든 공기업·준정부기관으로 확대함.	더불어민주당	기획재정	2020-11-19	70	34.2	30.9	12.8	31.9
2104991	국가재정법 일부개정법률안(장혜영 의원 등 10인) 주요 내용: '사회적경제기본법'안에 사회적경제발전기금의 설치근거를 규정하고 있는 '국가재정법' 별표를 동시에 개정.	정의당	기획재정	2020-11-05	70	32.7	33	5.1	31.9
2106762	공직자윤리법 일부개정법률안(서일준 의원 등 13인) 주요 내용: 공직자가 재산 등록 및 신고를 하는 등의 경우 외국에 있는 재산을 포함해야 한다는 내용을 법률에 명시하으로 규정함.	국민의힘	행정안전	2020-12-21	64.3	33.7	56.6	37.4	15.7
2110629	조달사업에 관한 법률 일부개정법률안(서일준 의원 등 11인) 주요 내용: 지자체 등 수요기관과 합의가 이루어지지 아니하였으나 공익과 국민의 안전과 생명 및 동식물을 보호하기 위하여 필요한 경우에는 조달청장의 직접 계약을 체결하도록 함.	국민의힘	기획재정	2021-06-07	63.9	28.7	31.6	37.4	31.9
2103582	공무원연금법 일부개정법률안(이태규 의원 등 10인) 주요 내용: 공무원연금기금의 중식사업 중 증권의 취득 및 대부사업에서 국내 주식의 대부는 금지함.	국민의힘	행정안전	2020-09-07	62.9	48.4	29.9	21.2	15.7
2102271	공직자윤리법 일부개정법률안(문체갑 의원 등 12인) 주요 내용: 주식백지신탁제도와 마찬가지로 부동산에 대해서도 매각 또는 백지신탁 제도를 도입함.	더불어민주당	행정안전	2020-07-22	61.3	52.5	55.4	12.3	15.7
2101141	국가연구개발사업 예산 등에 관한 법률안(박재성 의원 등 11인) 주요 내용: 국가연구개발사업 예산 등에 관한 법률을 제정함으로써 제정들을 하나의 법제도 통합.	더불어민주당	과학기술	2020-06-29	61.3	34.6	38.3	12.7	7.9
2119786	전북특별자치도 설치 등에 관한 특별법 일부개정법률안(안호영 의원 등 11인) 주요 내용: 전북특별자치도의 성공적인 출범과 전북 도내소재지 전주시를 포함한 6개 시와 8개 군의 발전을 위해 규제자유특구, 교육자유특구 등을 예심 특례 과제로 선정함.	더불어민주당	행정안전	2023-02-02	61.3	41	46.2	19	15.7
2109278	부패방지의 몰수 및 회복에 관한 특례법 일부개정법률안(김용민 의원 등 14인) 주요 내용: 부패범죄의 범위에 미공개 부동산정보를 이용하여 이득을 취득하는 행위를 포함시켜 부정한 이익의 박탈함.	더불어민주당	법제사법	2021-04-02	61.3	31.6	40.5	2.9	3.4
2113298	형사보상 및 명예회복에 관한 법률 일부개정법률안(김영배 의원 등 14인) 주요 내용: 고위공직자범죄수사처에도 형사보상금 청구를 할 수 있도록 개정함.	더불어민주당	법제사법	2021-11-15	61.3	52	39.9	3.5	3.4

Note: 본 입법예측도는 21대 국회 법안처리 현황과 정책여론조사 데이터를 활용한 분석결과이며, 시행에 따른 정책 및 여론 기초의 반응 가치의 변동에 따라 외부 영향요인의 변화에 따라 실제 법안심의 결과와 다를 수 있으며 주기적인 모니터링을 필요로 함. 이해 해석과 활용상 유의를 요함.

4) 사회안전 분야 입법예측 상위 10개 법안

의안번호	법안명	정당 / 주요 내용	소관위원회	접수일	입법 예측도	영향요인별 적합도(%)			
						정렬 44.1	여론 48	제안자 55.9	절차 9
2105436	자동차관리법 일부개정법률안 (박완수 의원 등 10인)	국민의힘 주요 내용: 이륜자동차 또는 원동기장치자전거 운전자에게도 자동차 통행속도를 시속 30 킬로미터 이내로 제한할 수 있도록 함.	국토교통	2020-11-17	73.8	44.1	48	55.9	9
2109538	도로교통법 일부개정법률안 (이종배 의원 등 10인)	국민의힘 주요 내용: 노인 보호구역에도 자동차 통행속도를 시속 30 킬로미터 이내로 제한할 수 있음을 법률에 명시하고, 시장 등이 관련 정부를 시설을 설치할 수 있도록 함.	행정안전	2021-04-16	64.3	52.9	41.2	22.2	15.7
2113444	전기통신사업법 일부개정법률안 (박성준 의원 등 10인)	국민의힘 주요 내용: 부가통신사업자가 정보통신망을 통하여 불법촬영물 유통되는 사정을 인지하게 된 경우에는 지체 없이 해당 정보의 삭제·접근차단 등 유통방지에 필요한 조치를 취하도록 함.	과학기술	2021-11-19	64.3	35	50.3	31.4	7.1
2107317	부담금관리 기본법 일부개정법률안(안규백 의원 등 14인)	더불어민주당 주요 내용: 군사시설·군사격장·군사기지 인근 소음대책지역 주민들에 대해 보상 외에 지원방안도 구성하되, 그 재원은 항공기의 소유자 등에게 화재료의 100분의 30 이내 범위에서 부담금으로 충당하도록 함.	기획재정	2021-01-12	63.9	27.5	36.5	22.9	31.1
2108535	아동학대범죄의 처벌 등에 관한 특례법 개정안(김병욱 의원 등 12인)	더불어민주당 주요 내용: 학교, 보육시설 및 유치원 등 교육기관 종사자들을 관계기관에 포함하여 법령에 적시함.	법제사법	2021-03-04	62.9	38.5	29.5	25.6	7.3
2122230	도로교통법 일부개정법률안(황보승희 의원 등 11인)	무소속 주요 내용: 시장 등으로 하여금 어린이 보호구역에 강화(强化) 방호울타리를 우선적으로 설치하거나 관련 도로관리청에 설치를 요청할 수 있도록 하고, 통행 속도를 시속 30 킬로미터 이내로 제한하도록 함.	행정안전	2023-05-24	61.3	49.1	46.5	7.6	15.7
2112930	전자장치 부착 등에 관한 법률 일부개정법률안(김영배 의원 등 11인)	더불어민주당 주요 내용: 보호관찰관이 피부착자의 주거지 등을 출입하여 사실관계를 확인할 수 있도록 하는 등 처벌 및 정보공유 체계를 개선함.	법제사법	2021-10-22	61.3	58.5	47.7	3.5	7.3
2110342	도로교통법 일부개정법률안(강선우 의원 등 10인)	더불어민주당 주요 내용: 전자볼복 또는 교통약자 이동편의시설 임구로부터 5 미터 이내로 굿에 개인형 이동장치의 주·정차를 금지하고, 운전자의 의무, 교육, 처벌 규정을 마련함.	행정안전	2021-05-24	61.3	53.5	42.9	12.3	15.7
2121324	경찰관 직무집행법 일부개정법률안(임호선 의원 등 14인)	더불어민주당 주요 내용: 고령, 신체적약자 등 응급구조·요 긴에 해당하는 사람에 대해서는 경찰관이 보호조치할 수 있도록 근거를 마련하고, 긴급구조대상자구호센터를 지정함.	행정안전	2023-04-13	61.3	60.1	48.3	7.6	15
2109483	도로교통법 일부개정법률안(박대수 의원 등 12인)	국민의힘 주요 내용: 시·도경찰청장 또는 시장·경찰서장 등이 무인 교통단속용 장비를 설치·관리하는 때에는 차의 전면뿐만 아니라 후면도 촬영하여 교통단속에 활용할 수 있도록 구성하여 이륜자동차 사고를 방지하고자 함.	행정안전	2021-04-14	61.3	54.7	50	13	15.7

Note: 본 입법예측도는 21대 국회 법안처리 현황과 정책의원조사 데이터를 활용한 분석결과이며, 시의에 따른 정책 및 외부 영향요인의 변화에 따라 실제 법안심의 결과와 다를 수 있으며 주기적인 모니터링을 필요로 함. 이에 해석과 활용상 유의를 요함.

5) 부동산 분야 입법예측 상위 10개 법안

의안번호	법안명	정당	소관위원회	접수일	입법 예측도	영향요인별 적합도(%)			
						경제	여론	제안자	절차
2111139	조세특례제한법 일부개정법률안 (송석준 의원 등 10인) 주요 내용: 아파트 장기일반민간임대주택과 단기민간임대주택제도를 부활시키고, 등록임대사업자에게 제공된 소득세 감면안 일몰 기일을 2022.12.31.에서 2025.12.31.로 3년 연장함.	국민의힘	기획재정	2021-06-28	73.8	40.1	43	25	31.9
2114866	소득세법 일부개정법률안 (이종배 의원 등 12인) 주요 내용: 조정대상지역 내의 다주택자에 대한 양도소득세 중과세를 2년간 한시적으로 적용하지 아니하도록 함으로써 주택 거래 활성화 및 부동산 가격 안정을 도모함.	국민의힘	기획재정	2022-03-07	73.8	54.6	56.9	22.2	31.9
2111475	조세특례제한법 일부개정법률안 (김상훈 의원 등 10인) 주요 내용: 일정 소득 기준 이하인 임대사업자의 경우 임대보증금 보증수수료에 대한 소득공제를 받을 수 있도록 세제지원 규정을 신설함.	국민의힘	기획재정	2021-07-12	73.8	57	55.2	55.1	31.9
2108465	조세특례제한법 일부개정법률안 (김상훈 의원 등 10인) 주요 내용: 상가건물 장기 임대사업자에 대한 소득세 또는 법인세 감면에 조세특례를 2024년 12월 31일까지 3년간 연장함.	국민의힘	기획재정	2021-03-02	73.8	66.1	78.5	55.1	31.9
2107338	조세특례제한법 일부개정법률안 (송언석 의원 등 10인) 주요 내용: 조정대상지역 내 다주택자에 대한 양도소득세 중과세를 한시적으로 적용하지 않도록 함.	국민의힘	기획재정	2021-01-13	71.2	71.5	81.4	17.5	31.9
2100316	조세특례제한법 일부개정법률안 (구자근 의원 등 10인) 주요 내용: 지방 미분양주택의 취득 후 5년 이내 양도 시 양도소득세를 전액 면제하고, 5년 후 양도 시 취득 후 5년간 발생한 양도소득금액을 과세대상소득금액에서 공제하도록 함.	국민의힘	기획재정	2020-06-10	71.2	47.5	80.9	15.5	31.9
2109264	소득세법 일부개정법률안 (태영호 의원 등 14인) 주요 내용: 1세대 1주택자에 대해 최대 장기간 특별공제율을 현행 80%에서 100%로 상향하고, 다주택자의 경우에도 보유 및 거주 기간 각 10년 이상인 주택에 대해 100%의 공제율을 적용함.	국민의힘	기획재정	2021-04-01	71.2	68.6	75	11.1	31.1
2110503	소득세법 일부개정법률안 (양경숙 의원 등 10인) 주요 내용: 2년 미만 단기 보유 토지 등에 대해 주택 및 조합원입주권과 동일한 수준으로 양도소득세율을 인상하며, 비사업용 토지에 대한 중과세율을 인상하고 장기보유특별공제 적용을 배제함.	더불어민주당	기획재정	2021-06-01	71.2	34.5	56.3	12.1	31.9
2112531	종합부동산세법 일부개정법률안 (주호영 의원 등 12인) 주요 내용: 임대사업 세액공제를 복원하기 위해 종합부동산세의 임대주택에 관한 사항들을 법률에 명시함.	국민의힘	기획재정	2021-09-13	67.2	50.2	28.3	21.5	31.9
2115463	지방세특례제한법 일부개정 법률안(서영교 의원 등 11인) 주요 내용: 1세대 1주택에 한하여도 2022년도에 한해서 전년도 공시가격을 적용함으로써 재산세 부담을 전년도 수준으로 유지함.	더불어민주당	행정안전	2022-04-29	61.3	42.5	39.8	20.6	15.7

Note: 본 입법예측도는 21대 국회 법안처리 현황과 정책여론조사 데이터를 활용한 분석결과이며, 시점에 따른 정책 및 여론 기조의 변동 및 여론 영향요인의 변화에 따라 시시각각 외부 영향요인의 변화에 따라 실제 법안심의 결과와 다를 수 있으며 주기적인 모니터링을 필요로 함. 이에 예시와 활용상 유의를 요함.

6) 노동 분야 입법예측 상위 10개 법안

의안번호	법안명	정당	소관위원회	접수일	입법 예측도	영향요인별 최합도(%)			
						정책	여론	제안자	절차
2112229	고용보험 및 산업재해보상보험의 보험료징수 등에 관한 법률 일부개정법률안(장제원 의원 등 11인) 주요 내용: 단기 비자발적 이직자가 많은 사업장에 대하여 고용보험료 등을 부과하는 근거 규정을 마련하고, 보험료 부과 시 최저 기준보수를 적용하는 예술인, 노무제공자의 범위 및 사유 등을 명시함.	더불어민주당	환경노동	2021-08-25	38.1	35.2	25.4	7.6	6.1
2109913	상법 일부개정법률안(류호정 의원 등 10인) 주요 내용: 일정한 금액 이상이 될 경우에는 채용인원을 지급할 수 없도록 하고, 사업화대를 제한하며, 이를 위반할 경우 형사처벌하도록 함.	정의당	법제사법	2021-05-04	30	16.7	40.3	5.1	7.3
2102693	국가를당사자로 하는 계약에 관한 법률 일부개정안(정춘숙 의원 등 10인) 주요 내용: 적극적 고용개선조치 시행계획의 이행 촉구에 따라지 않아 부과된 별과의 일정 기준을 초과하는 경우에는 고용노동부장관이 입찰참가자자의 제한을 요청할 수 있도록 함.	더불어민주당	기획재정	2020-08-05	9.6	21.7	8.6	7.9	31.9
2100444	소득세법 일부개정법률안(윤후덕 의원 등 11인) 주요 내용: 일용근로자의 근액을 현행 1일 15 만원에서 17 만원으로 상향함으로써, 저소득 일용근로자의 세부담을 완화함.	더불어민주당	기획재정	2020-06-12	9.6	23	4.4	3.7	31.9
2112565	근로기준법 일부개정법률안(강은미 의원 등 10인) 주요 내용: 사업주가 사용자 부담분과 근로자의 임금에서 공제한 보험료 등에 대해 다른 목적으로 사용하지 못하도록 금융기관의 별도 계좌에 보관하도록 하고, 그 양도, 압류 또는 담보제공되도록 함.	정의당	환경노동	2021-09-15	8.8	15.4	25.3	19.7	6.1
2113565	근로복지기본법 일부개정법률안(안호영 의원 등 12인) 주요 내용: 근로자 및 특수형태근로종사자가 근로조건의 개선 등을 목적으로 노동공제조합을 설립·운영할 수 있도록 근거를 마련함.	더불어민주당	환경노동	2021-11-26	7.5	2.9	5	43.2	6.1
2115482	남녀고용평등과 일·가정 양립 지원에 관한 법률 일부개정안(정태호 의원 등 11인) 주요 내용: 일정 규모 이상의 근로자를 고용하는 사업의 사업주는 동일 가치 노동을 하는 근로자가 평균임금에 관한 정보의 제공 또는 열람을 청구할 경우 해당 정보를 근로자에게 제공하거나 열람하도록 함.	정의당	환경노동	2022-05-03	7.5	0.2	0.7	48.3	6.1
2115478	근로사참여 및 협력증진에 관한 법률 일부개정법률안(정태호 의원 등 12인) 주요 내용: 노사협의회의 의무 협의 사항 중 육아휴직, 육아기 근로시간 단축, 가족 돌봄 휴직·휴가 또는 가족돌봄 등을 위한 근로시간 단축 이후의 직무 복귀 및 성과 평가에 관한 사항을 추가함.	더불어민주당	환경노동	2022-05-03	7.5	1.2	1.2	48.3	6.1
2112400	파견근로자 보호 등에 관한 법률 일부개정법률안(안호영 의원 등 10인) 주요 내용: 파견근로자의 비교대상근로자를 이직평가가 위한 조건으로 '없은 종류의 업무 또는 유사한 업무'가 아닌 '업무의 종류와 성격, 처우의 내용과 성립 등을 고려하여 비교 가능한' 내용으로 개정함.	더불어민주당	환경노동	2021-09-02	7.5	3	2.5	43.2	6.1
2115566	근로자퇴직급여 보장법 일부개정법률안(안호영 의원 등 10인) 주요 내용: 기존 퇴직연금제도를 폐지하고 퇴직연금제도 또는 중소기업퇴직연금기금제도로의 전환을 단계적으로 의무화함.	더불어민주당	환경노동	2022-05-12	7.5	8.4	3.8	43.2	6.1

Note: 본 입법예측도는 21대 국회 법안처리 현황과 정책의결분석 베이지안 정책예측도를 활용한 분석결과이며, 시행에 따른 정책 및 여론 영향요인의 변화에 따라 외부 영향요인별 실제 법안심의 결과와 다를 수 있으며 주기적인 모니터링을 필요로 함. 이에 해석과 활용상 유의를 요함.

7) 주요 정책분야별 입법타당도 상위 법안리스트

입법타당도 = (정책입법 적합도 * 여론 중요도 / 계층 간 중요도 편차) * 가중치

정책분야	의안번호	법안명	소관 위원회	접수일자	주요 내용	입법 타당도
산업경제	2109315	자율주행자동차 상용화 촉진 및 지원에 관한 법률 일부개정법률안 (김희곤 의원 등 10인)	국토교통	2021-04-06	자율주행자동차를 운행하는 과정에서 수집한 자동차의 제어·상태정보, 운행정보와 자동차, 보행자, 도로 등의 위치·생태정보 등을 수집 및 이용할 수 있도록 하는 규정함.	28.85
	2111389	외국인투자 촉진법 일부개정법률안 (신영대 의원 등 10인)	산업통상	2021-07-07	중견·중소·기업이 신산업에 기존 설비를 대체할 투자를 받는 경우에도 지방자원을 받을 수 있도록 하며 고용 창출 기준요건을 신설함.	27.49
	2100059	마을기업육성지원법안 (박정 의원 등 18인)	행정안전	2020-06-01	국가와 지방자치단체는 마을기업 육성 및 지속가능한 경영과 활성화를 위하여 종합계획 수립 및 지방시책을 추진하도록 하며, 행정적·재정적 지원을 할 수 있도록 함.	26.35
	2112887	조세특례제한법 일부개정법률안 (김정재 의원 등 12인)	기획재정	2021-10-19	연료전지·수소연료공급시설 등이 자산에 투자하는 경우에는 일정 금액을 소득세 또는 법인세에서 세액공제하고, 중소·중견기업인 경우는 공제율을 높임.	24.20
	2113754	신에너지 및 재생에너지 개발·이용·보급 촉진법 일부개정법률안 (문재갑 의원 등 36인)	산업통상	2021-12-08	산업장의 규모에 따라서 2050년까지 신·재생에너지의 사용을 의무화하도록 하고, 해당 기업이 전기요금의 감면, 조세 혜택 등의 지원을 받을 수 있도록 함.	24.02
보건복지	2112615	국민건강보험법 일부개정법률안(정부)	보건복지	2021-09-16	보건복지부 장관과 금융위원회가 국민건강보험 정보를 미보험자가 받간 보험상품에 관한 정책과 연계하여 주신을 위해 필요한 협의·조정 및 실태조사를 할 수 있도록 함.	26.36
	2101880	사회적경제기본법안 (윤호중 의원 등 15인)	기획재정	2020-07-14	양극화 해소, 양질의 일자리 창출과 사회서비스 제공, 지역공동체 재생과 지역순환경제, 국민의 삶의 질 개선과 사회통합 등을 위해 다양한 사회적경제조직을 포괄하는 공동의 법적 토대를 마련하고 정책의 수립·총괄·조정에 관한 필요한 사항을 정함.	23.21
	2112161	반려동물진료보험법안 (조정훈 의원 등 10인)	농림축산	2021-08-23	반려동물에 대한 진료비용을 보상하는 반려동물진료보험에 관한 반려동물진료보험심의회, 보상 범위, 정부 보조 전문기관, 시범사업 등의 사업을 규정함.	23.10
	2103415	주민등록법 일부개정법률안 (정운천 의원 등 14인)	행정안전	2020-09-01	장애인·노인·미성년자의 주민등록표 열람 또는 등·초본 교부에 따른 수수료를 면제할 수 있는 법적 근거를 마련함.	22.93
	2100798	사회복지사업법 일부개정법률안 (기동민 의원 등 13인)	보건복지	2020-06-19	사회복지시설 이용생활인이 사망 시 무연고인 경우 지방자치단체가 이를 사회복지사업에 사용할 수 있도록 하는 규정을 신설함.	22.89

정책분야	의안번호	법안명	소관위원회	접수일자	주요 내용	입법 타당도
공공개혁	2102271	공직자윤리법 일부개정법률안 (윤재갑 의원 등 12인)	행정안전	2020-07-22	고위공직자의 주식백지신탁제도와 마찬가지로 부동산에 대하여도 백지 매각 또는 백지신탁 제도를 도입함.	29.74
	2105385	표시·광고의 공정화에 관한 법률 일부개정법률안(윤미향 의원 등 11인)	정무	2020-11-16	위법 행위에 대한 과징금의 상한을 2배로 상향하여 제재의 실효성을 제고하고, 과징금 부과·징수 근거 등 관련 규정의 미비점을 보완함.	14.70
	2114745	가맹사업거래의 공정화에 관한 법률 일부개정법률안(민형배 의원 등 13인)	정무	2022-02-10	「가맹사업거래의 공정화에 관한 법률」에도 「독점규제 및 공정거래에 관한 법률」상 자료제출명령제 규정을 준용함.	13.94
	2112898	전자상거래 등에서의 소비자보호에 관한 법률 일부개정법률안 (인재근 의원 등 11인)	정무	2021-10-21	통신판매중개자가 유해화물품일이 시아펜매에 따른 고지의무를 위반한 경우 소비자에게 발생한 재산상 손해에 대하여 통신판매중개의뢰자와 연대하여 배상할 책임을 지도록 함.	13.67
	2121827	산업기술의 유출방지 및 보호에 관한 법률 일부개정법률안 (김태년 의원 등 12인)	산업통상	2023-05-08	국가핵심기술을 외국에서 사용하거나 사용되게 할 목적으로 해당 위반 행위를 한 자에 대한 처벌을 강화함.	13.38
사회안전	2121324	경찰관 직무집행법 일부개정법률안 (임호선 의원 등 14인)	행정안전	2023-04-13	본인이 응급구조를 원하는 경우에 한정하여 고령, 신체부자유 등 응급구조 요건에 해당하는 사람에 대해서는 경찰관이 보호조치할 수 있도록 근거를 마련함.	20.32
	2112930	전자장치 부착 등에 관한 법률 일부개정법률안(진경배 의원 등 11인)	법제사법	2021-10-22	보호관찰관이 고위험 부착자의 주거지 등을 출입하여 사실 관계를 확인할 수 있도록 하는 등 관련 규정을 개선함.	19.78
	2109711	도로교통법 일부개정법률안 (김예교 의원 등 12인)	행정안전	2021-04-26	개인형 이동장치의 주·정차 금지 구역으로 정하고, 이를 위반한 개인형 이동장치의 운전자는 30 만원 이하의 범금이나 구류에 처하도록 함.	19.58
	2106493	도로교통법 일부개정법률안 (이인선 의원 등 15인)	행정안전	2020-12-15	군용차량을 관리하는 기반 또는 근무택의 장은 군용자동차에 헬멧도 통행하는 경우 그 헬멧이 앞서 뒤도 호송차량을 동반하여 다른 자동차들의 운전자가 군용차량의 통행을 인식할 수 있도록 함.	19.39
	2109483	도로교통법 일부개정법률안 (박대수 의원 등 12인)	행정안전	2021-04-14	이륜자동차 교통사고의 방지를 위해 무인 교통단속용 장비를 설치·관리하는 때에는 차의 전면뿐만 아니라 후면도 촬영하여 교통단속에 활용할 수 있도록 규정함.	18.51
부동산	2113289	민간임대주택에 관한 특별법 일부개정법률안(민병덕 의원 등 11인)	국토교통	2021-11-12	국토교통부장관이 공공지원 민간임대주택의 임대 및 매각으로부터 발생하는 수익의 적정 기준을 정하여 고시하게 하되, 초과하여 발생 시 민간의 수익률을 제한하거나 주택도시기금 수익률을 조정하는 등 합리적인 배분방안을 포함하도록 함.	82.83

정책분야	의안번호	법안명	소관 위원회	접수일자	주요 내용	입법 타당도
	2103090	학교용지 확보 등에 관한 특례법 일부개정법률안(인병덕 의원 등 11인)	교육	2020-08-20	학교시설을 신축, 증축 또는 개축하여 공유재산으로 무상제공하는 경우 개발사업시행자의 부담금을 면제하도록 하는 등 부담금 부과·징수 절차를 개선함.	49.92
	2107395	한국해외인프라도시개발지원공사법 일부개정법률안(정성호 의원 등 11인)	정무	2021-01-14	공사가려이 9년월을 초과하더라도 임정한 소득규모 이하인 1세대 1주택자의 경우 재산채외 종합부동산세 납부 유예에 한해 주택담보노후연금보증을 신청할 수 있도록 함.	48.53
	2121132	지방세특례제한법 일부개정법률안(김남국 의원 등 10인)	행정안전	2023-04-04	생애 최초 주택 구입 관련 취득세 감면 특례의 일몰기한을 2027년 12월 31일까지 2년간 연장함.	46.00
	2106751	부동산 가격공시에 관한 법률 일부개정법률안(박성중 의원 등 11인)	국토교통	2020-12-21	표준지공시지가 및 공동주택가격 등을 공시함에 있어 직전 연도 대비 상승률이 100분의 10을 초과하지 아니하고, 최근 5년간 연변도 대비 상승률이 합산없이 100분의 30을 초과하지 아니하는 범위에서 정하도록 함.	45.54
노동	2112229	고용보험 및 산업재해보상보험의 보험료징수 등에 관한 법률 일부개정법률안(진철민 의원 등 11인)	환경노동	2021-08-25	단기 비자발적 이직자가 많은 사업장에 대하여 고용보험료 자동 부과 근거 규정을 마련, 보험료 부과 시 최저 기준인 기준보수를 적용받는 예술인, 노무제공자의 범위 및 사유 등을 명시함.	8.92
	2113256	근로자직업능력 개발법 일부개정법률안(인규백 의원 등 15인)	환경노동	2021-11-11	전문대학으로서 교육·훈련기관이 기능하면서 설치·운영하는 "훈장"으로 "향장"을 선택적으로 둘 수 있도록 하고, 기능하였던 "시간강사를 교원의 한 유형으로서 "강사"로 보도록 함.	7.24
	2100444	소득세법 일부개정법률안(윤후덕 의원 등 11인)	기획재정	2020-06-12	일용근로자의 근로소득에 대한 공제액 현행 1일 15만원에서 17만원으로 상향조정으로써, 저소득 일용근로자의 세부담을 완화함.	5.84
	2102693	국가를 당사자로 하는 계약에 관한 법률 일부개정법률안(정춘숙 의원 등 10인)	기획재정	2020-08-05	적극적 고용개선조치 시행대상의 이행 촉구에 고용노동부장관이 일정 기준을 초과하여 고용노동부장관이 일정 참가자격 제한의 부당당위자에 포함함.	5.49
	2101071	고용보험법 일부개정법률안(김경협 의원 등 15인)	환경노동	2020-06-26	근로자가 업무 외의 부상 또는 질병으로 요양으로 필요하여 휴직을 신청하는 경우에는 고용보험기금으로 상병 휴가 급여를 지급할 수 있는 근거를 마련함.	5.27

Note: 입법타당도는 각 법안의 정책 및 여론 반영 정도와 제출 간 중요도 차이를 기초로 분석함. 단, 해당 점수는 현 21대 국회의 정량·정성 유형의 내용을 기준으로 하며, 그에 대한 입법당락도를 의미함. 따라서, 개별의 정략 정책 기초의 차이에 따라 평가가 다음 수 있으므로 해석과 활용상 유의를 요함.
입제이타: 대한민국 국회사무처 의안정보시스템 (참조 http://likms.assembly.go.kr/bill/main.do) 및 SNR 21대 국회 정책여론조사 데이터(조사수행: 한국리서치).

저자 소개

김진권
파트너변호사

T. 02.6200.1812
F. 02.6200.0820
E. jkkim@jipyong.com

김진권 변호사는 시국관련 사건으로 기업공채가 불가능하던 시절, 대우 김우중 회장 특채사원으로 채용되어 대우자동차 루마니아 현지에서 공장관리부장과 지역판매책임자로 생산관리 및 판매관리 업무를 담당하였습니다.

이후 루마니아에서 귀국한 뒤 국회에서 입법정책보좌관으로 10년간 근무하는 동안, 국회법제사법위원장 보좌관 및 법제사법위원회, 지식경제위원회 보좌관으로 입법정책보좌업무를 담당하였습니다.

또한 한나라당 보좌관협의회 회장으로 선출되어 국회 내 보좌관들의 권익을 대변하는 역할도 수행하였습니다.

이후 전남대학교 법학전문대학원을 2기로 졸업하고 법무법인(유) 지평에서 그동안 축적한 다양한 경험과 노하우 및 법률지식을 바탕으로 입법 및 공기업 자문 업무를 수행하고 있습니다.

학력
서울대학교 경영학과 졸업
한국방송통신대학교 법학과 졸업
전남대학교 법학전문대학원 졸업(우등졸업)

경력
대우자동차(노사협력부 및 루마니아 현지 생산관리부장 및 지역판매장)
국회 입법정책보좌관(법제사법위원회, 지식경제위원회)
한나라당보좌관협의회 회장
국회 법제사법위원장 정책보좌관
제2회 변호사시험 합격
코레일 네트웍스(주) 법률자문 변호사
한국청소년상담복지개발원 감사
녹색서울시민위원회 위원
한국마사회 감사자문위원
대통령직인수위원회 기획위원회 자문위원
현 사단법인 국회입법정책연구회 부회장
현 서울YMCA 법률자문 변호사
현 한국에너지기술평가원 자문변호사
현 (주)유로파츠 자문변호사
현 국회 보좌관 회장협의회 의장
현 머니투데이 더300 대한민국 최우수법률상 심사위원
현 한국도로공사 자문변호사
현 민주화운동기념사업회 인사위원
현 국토교통부 규제개혁위원회 위원
현 법무법인(유) 지평 전문위원 / 파트너변호사 / 입법지원팀장

민창욱
파트너변호사

T. 02.6200.1841
F. 02.6200.0811
E. cwmin@jipyong.com

민창욱 변호사는 컴플라이언스팀장으로 ESG와 인권경영 업무를 수행하고 있습니다. 주로 노사관계, 안전보건 및 중대재해, 인권, 공급망 관리 등 사회(social) 분야의 이슈에 대해 자문하면서, 기업이 이러한 이슈를 조기에 발견예방대응할 수 있는 컴플라이언스 시스템을 구축하는데 조력하고 있습니다.

그는 2012년 지평의 소송파트에 입사해 다양한 분쟁에서 문제를 해결하는 역량을 쌓았습니다. 불법파견, 해고와 임금, 전직금지, 경영권분쟁, 산안법 위반, 배임횡령, 교육분쟁, 정비사업, 국가배상청구 소송 등을 성공적으로 수행했고, 주요 사건에서 대법원 파기환송 판결 및 헌법재판소 위헌 결정을 이끌어 내기도 했습니다. 분쟁 해결 절차에 대한 폭넓은 경험과 이해를 토대로 리스크 관리에 대한 정확한 자문을 제공하고 있습니다.

그는 정부 또는 공공기관이 발주한 여러 입법정책 용역에 참여해 정부와 시장의 역할을 연구했습니다. 2019년에는 UC버클리 공공정책대학원 석사과정(MPA)에 진학하여 경제적 불평등, 일의 미래, 기업과 인권 등을 공부했고, "한국 노동시장의 불평등: 이중구조와 노동소득 격차"란 글로 최우수 졸업논문상을 수상했습니다. 지금은 사적 영역에서 지속가능하고 포용적 성장(inclusive growth)을 이끌 수 있는 방안에 관심을 기울이고 있습니다.

학력

고려대학교 철학과 졸업

서울대학교 법학전문대학원 졸업

미국 U.C. Berkeley Goldman School of Public Policy, Master of Public Affairs (MPA)

서울대학교 법과대학원 박사과정 수료(헌법 · 사회권)

경력

제1회 변호사시험 합격

남북경협법률아카데미 수료

대한변호사협회 입법행정아카데미 수료

서울지방변호사회 인권위원

UC버클리 로스쿨 최고위과정 Sustainable Capitalism & ESG 수료(제1기)

현 서울대학교 노동법연구회, 한국헌법학회 회원

현 국가인권위원회 민간기업 인권경영 시범사업 자문위원

현 서울에너지공사 성희롱 · 성폭력 고충심의위원회 위원

현 대한변호사협회 중대재해처벌법 대응 TF 위원

현 서울지방변호사회 ESG 특별위원회 위원

현 한국어촌어항공단 ESG위원회 위원

현 법무법인(유) 지평 파트너변호사(ESG센터)

신용우 변호사는 정보통신 및 지식재산권 분야에서 경력을 쌓아온 전문변호사로서 개인정보·데이터, ICT 규제, 방송·통신, 디지털금융, 특허, 저작권, 정보보호 등의 분야에서 전문성과 역량을 갖추고 있습니다.

컴퓨터공학 학·석사를 취득하고 이동통신 분야 연구개발을 하였으며, 변호사 자격 취득 후 정보통신 및 지식재산권 관련 송무·자문을 수행하였고 행정부·입법부를 두루 거치면서 관련 분야의 정책과 입법을 선도하였습니다.

신용우
파트너변호사

T. 02.6200.1974
F. 02.6200.0823
E. ywshin@jipyong.com

학력

포항공과대학교 컴퓨터공학과 졸업
포항공과대학교 대학원 컴퓨터공학과 졸업
성균관대학교 법학전문대학원 졸업

경력

LG전자 기술기획팀 차장
제1회 변호사시험 합격
국회 문화체육관광방송통신위원회 보좌관
법무법인 민 변호사
과학기술정보통신부 행정사무관
국회입법조사처 입법조사관
광고산업진흥 협의체 위원
경기도 데이터주권 국제 포럼 자문위원
주민등록번호변경위원회 위원
현 한국인공지능법학회 이사
현 한국데이터법정책학회 이사
현 당근마켓 프라이버시 정책 및 이용자보호 위원회 외부위원
현 대한상사중재원 중재인
현 법무법인(유) 지평 파트너변호사

김우연 변호사는 고려대학교 법학전문대학원을 제2기로 졸업하였고, 국회 정무위원회 소속 국회의원실 보좌진으로서 공정거래위원회, 한국소비자보호원, 소비자분쟁조정위원회 업무를 전담한 경력이 있습니다.

현재 지평 자문그룹(회사)에서 공정거래, 노사관계 기타 기업활동과 관련한 제반 법률자문을 제공하고 있으며, 관련 소송을 수행하고 있습니다.

김우연
파트너변호사

T. 02.6200.1789
F. 02.6200.0823
E. wykim@jipyong.com

학력

고려대학교 법과대학 졸업
고려대학교 법학전문대학원 졸업
미국 Georgetown University Law Center LL.M. (법학석사)

경력

제2회 변호사시험 합격
국회 보좌진
현 법무법인(유) 지평 파트너변호사

곽경란 변호사는 연세대학교 법학전문대학원을 제3기로 졸업하였고, 국회 법제사법위원회 소속 국회의원실 보좌진으로서 입법·정책업무를 전담한 경력이 있습니다. 현재 지평 소송그룹에서 지적재산권 관련 소송 및 자문, 입법지원 업무를 수행하고 있습니다.

곽경란
변호사

T. 02.6200.1786
F. 02.6200.0823
E. krkwak@jipyong.com

학력

연세대학교 신문방송학과 졸업
연세대학교 법학전문대학원 졸업

경력

제3회 변호사시험 합격
법무법인 이공 변호사
국회 보좌진
현 방송통신심의위원회 명예훼손 분쟁조정부 위원
현 법무법인(유) 지평 변호사

이춘희 연구위원은 2018년 성균관대학교에서 박사학위를 취득하고, 성균관대학교 법학연구원 선임연구원, 헌법재판소 헌법재판연구원 책임연구관으로 재직하였으며, 서울시립대학교 법학전문대학원 및 고려대학교 교양교육원에서 강사로 활동하였습니다.

현재 지평법정책연구소의 선임연구위원으로 근무하며 헌법과 법치주의의 관점에서 정책이 구현되고, 입법과 정책이 유기적으로 연결되도록 하기 위한 연구사업 등에 참여하고 있습니다.

이춘희
선임연구위원/박사

T. 02.6200.0628
F. 02.6200.0820
E. chy@jipyong.com

학력

서울시립대학교 법정대학 법학부 졸업
서울시립대학교 일반대학원 법학과 졸업(법학석사)
성균관대학교 법학전문대학원 졸업(학술연구분야 법학박사)

경력

서울시립대학교 일반대학원 연구조교
대한민국 해군 군기과장 등
성균관대학교 법학전문대학원 수업/연구조교
한국문화관광연구원 위촉연구원
시청자미디어재단 연구원
성균관대학교 법학연구원 선임연구원
서울시립대학교 법학전문대학원 강사
고려대학교 교양교육원 강사
헌법재판소 헌법재판연구원 책임연구관
현 세계헌법학회 한국학회 정보이사
현 세계헌법학회 한국학회 재무간사
현 한국공법학회 연구위원
현 한국헌법학회 출판간사
현 한국공법학회 출판간사
현 지평법정책연구소 선임연구위원

박원근
대표/전략 컨설턴트

T. 02.542.7772
F. 02.2179.7968
E. wonpark@strategyn
research.com

박원근 대표는 2021년부터 정책입법 데이터 분석 컨설턴트로서 기업·기관·단체의 공공정책 참여를 지원하기 위한 분석 과제들을 수행하고 있습니다. 법무법인(유) 지평 및 한국리서치와 함께 「21대 국회 정책입법 진단과 전망」 프로젝트를 수행하면서, 데이터 분석 개발, 정기 웹보고서 발간, 언론방송 협력 등의 업무를 진행해오고 있습니다. 이는 각계 경영자, 전문가, 시민들이 공공정책 관련 공유가치의 발굴과 실현을 통해 우호적이고 지속적인 사업·정책·사회 환경을 구축하는 데에 기여함을 목적으로 합니다.

지난 20여년간 그는 산업 및 기업의 현장에서 전략 컨설턴트 및 연구원으로 종사했습니다. 그는 글로벌 기업들의 사업성과를 제고하기 위한 신사업 기회 발굴 및 전략 개발과 관련한 자문 및 연구 프로젝트 다수를 수행했습니다. 주요 해당 산업 분야는 전자·IT, 자동차, 유통-물류, 농기계, 헬스케어 등을 포함합니다. 과제 분야는 국내·외 사업모델 개발, 마케팅 혁신 전략 수립, 가격 협상전략 수립, 인수합병 및 제휴협력 기업조사, 소비자 쇼핑 패턴 분석, 시장타당성 평가, B2B 고객지원 프로그램 개발, 제품개발 조사 등입니다. 이외 수년간 다국적 기업에서 기획, 마케팅 등 다양한 업무를 실행하기도 했습니다.

그는 향후 정책입법 분석 분야에 경영 전략 및 분석 방법을 접목하여, 기업·기관·단체의 공공정책 참여를 더욱 체계화하고자 하는 활동들에 관심을 두고 있습니다. 그 활동들은 「21대 국회 정책입법 진단과 전망」 사이트의 확대 개편, 공공정책 참여 온라인 커뮤니티 「더 나은 가치 더 나은 세상」의 확장, 법정책·언론방송·여론조사·데이터분석 분야 전문기관과의 협력 강화, 그리고, 공동의 관심을 가진 젊은 인재 및 '보통 시민'들과의 소통을 포함합니다.

학력

고려대학교 사회학과 B.A

경력

(주)기아자동차 그룹 공채 입사
(주)동서리서치 국제조사 팀장
(주)DHL 코리아 가격전략 팀장
(주)마케팅인텔라이트 수석컨설턴트
칸타코리아 전문위원 - 비즈니스컨설팅
현 (주)스트래티지앤리서치(SNR) 대표

국회 입법절차의 이해와 대응

초판발행   2023년 9월 15일
중판발행   2024년 12월 10일

지은이   법무법인(유) 지평 · 지평법정책연구소
펴낸이   안종만 · 안상준

편 집   장유나
기획/마케팅   조성호
표지디자인   이영경
제 작   고철민 · 김원표

펴낸곳   (주) **박영사**
             서울특별시 금천구 가산디지털2로 53, 210호(가산동, 한라시그마밸리)
             등록 1959. 3. 11. 제300-1959-1호(倫)
전 화   02)733-6771
f a x   02)736-4818
e-mail   pys@pybook.co.kr
homepage   www.pybook.co.kr
ISBN   979-11-303-4547-5   93360

정 가   18,000원